Mit allen Sinnen die Welt erfassen

Haustiere

Andere Länder, andere Sprachen

Baumeister und andere Berufe

Wasser macht Spaß

5 Seite 5 im Kapitel, 100 Seite 100 im Teil „Richtig schreiben“

Augenreise – Ohrenreise

Jeder tut etwas

liegen   hören   lernen   lachen   rechnen   lesen   schreiben   bauen   trinken

1. Was kann ein Baby alles tun? Was kann es nicht tun? Erzähle!

bitten   bellen   schlafen   denken   fliegen   sitzen   spielen   malen   quaken   rechnen

2. Was kann ein Hund alles tun?

hüpfen   singen   fliegen   springen   rollen   baden   liegen   denken

3. Was kann ein Ball alles tun?
4. Suche dir einen Kasten aus!
   Schreibe zum Beispiel so: *Ein Hund kann bellen. Ein Hund kann nicht ...*

Verben sagen, was Lebewesen und Dinge tun.

Fundsachen

Leo braucht ein Wort, das sagt, **wie** sein Schirm ist.
Er braucht ein **Adjektiv.**

Mein Schirm ist ___.

Der ___ Schirm gehört mir.

Mein Schirm ist ___.

Der ___ Schirm gehört mir.

rot | grün | blau | klein | bunt | groß | gelb | alt | neu

① Lea und Leo beschreiben ihre Schirme. Schreibe so: *Mein Schirm ist ___.*

② Welche Adjektive passen zu den anderen Schirmen?

Schreibe weiter: *Mein Schirm ist ___.*

Der ___ Schirm gehört mir.

Wörter, die sagen, wie etwas ist, heißen Adjektive.

Adjektive sagen, wie Menschen sind.

Tim Rosi Hans Sven Julia Tina

fleißig
müde
brav
frech
groß
klein

① Schreibe so:
Tim ist groß. Hier ist der große Tim.

Adjektive sagen, wie Tiere sind.

Maus Löwe Hase Schaf Elefant Schnecke

schnell
langsam
klein
stark
wild
weich

❷ Schreibe so:
Die Maus ist klein. Da kommt die kleine Maus.
Der Löwe ... .

Adjektive sagen, wie Dinge sind.

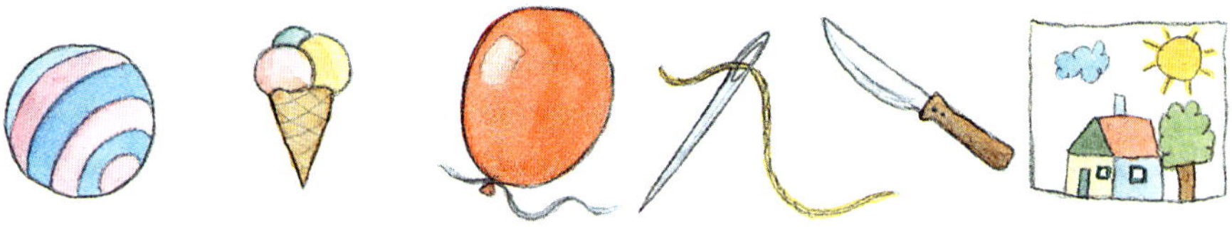

Ball Eis Ballon Nadel Messer Bild

bunt
scharf
leicht
spitz
kalt
rund

❸ Schreibe so:
Der Ball ist rund. Hier ist der runde Ball.
Das Eis ... .

Im Garten

① Auf diesem Bild gibt es viel zu entdecken. Erzähle!

Was man im Garten alles braucht:

Schere

Schlauch

Stuhl

Zwerg

Zaun

Garten-

Bank

Haus

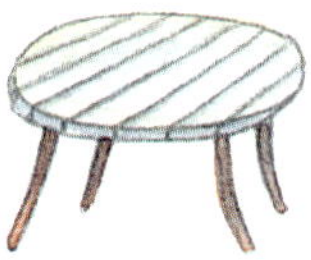
Tisch

Tor

Erde

② Setze die Nomen zusammen! Schreibe so: *die Gartenschere, ...*

> Nomen lassen sich zusammensetzen.
> Sie heißen dann zusammengesetzte Nomen.

Wie sind diese Wörter entstanden?

das Gänseblümchen

der Salatkopf

der Regenwurm

die Blumenwiese

das Vogelnest

der Apfelbaum

1. Zerlege die zusammengesetzten Nomen!
   Schreibe so: *der Regenwurm: der Regen – der Wurm, ...*

Was ist das?

Ein **Schirm,** der vor der **Sonne** schützt, ist ein ▒.
Ein **Strauch,** an dem **Tomaten** wachsen, ist ein ▒.
Ein **Stiefel,** der aus **Gummi** ist, ist ein ▒.
Eine **Hecke** mit vielen **Rosen** ist eine ▒.

2. Schreibe auf, wie die Dinge heißen!
   Schreibe so: *der Sonnenschirm, ...*

Blumenrätsel

 n 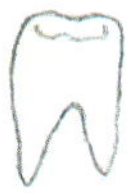    en 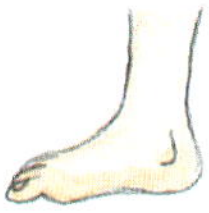  s 

Löwe Zahn Finger Hut Hahn Fuß König Kerze

3. Wie heißen diese Pflanzen?

Für Wortforscher:

Im Märchenland

Rotkäppchen

Es war einmal ein
kleines Mädchen.
Es trug immer ein
rotes Käppchen.
Deswegen wurde es
Rotkäppchen genannt.
Eines Tages sollte es
seiner Oma Wein und
Kuchen bringen die
Oma wohnte in einem
Haus im Wald
unterwegs traf
Rotkäppchen den Wolf

1. Welche Märchen kennst du? Erzähle!
2. Lies die Seite aus diesem Märchenbuch! Was fällt dir auf?

Geschichten bestehen aus Sätzen.
Am Ende eines Satzes steht ein Punkt.

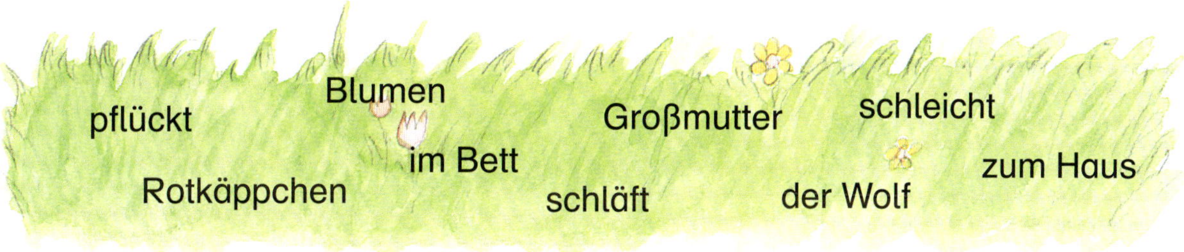

① Schreibe zu jedem Bild einen Satz!

> Sätze bestehen aus Wörtern.
> Das erste Wort im Satz schreibt man groß.

Es war einmal ...

Der gestiefelte Kater	schüttelte die Betten.
Die sieben Geißlein	verliefen sich im Wald.
Schneewittchen	verwandelte den Zauberer in eine Maus.
Hänsel und Gretel	versteckten sich vor dem Wolf.
Frau Holle	lebte bei den sieben Zwergen.

② Bilde sinnvolle Sätze! Schreibe sie in dein Heft!

③ Erfinde lustige Märchensätze:

Der gestiefelte Kater schüttelte die Betten.

Das zweite Schuljahr beginnt

Treffpunkt Schule

Nach den Ferien treffen Lena und Julian in ihrer Schule viele Kinder und Erwachsene: Mitschülerinnen und Mitschüler, Freundinnen und Freunde, Lehrerinnen, Lehrer, die Sekretärin, die Schulleiterin, die Raumpflegerin, den Hausmeister.

1 Erzähle von deinem ersten Schultag nach den Ferien!

2 Wen triffst du? Kennst du sie alle mit Namen?

3 Schreibe die Namen von den Personen auf, die in deiner Schule arbeiten!

Tipp von Flipp

So übst du mit Flo.

Wer sich trifft, begrüßt sich. Jeder grüßt anders.

1. Wie begrüßen sich die Kinder auf dem Bild? Lest und spielt es nach!

2. Auf wen hast du dich besonders gefreut? Wie kannst du ihr oder ihm das zeigen?

3. Es gibt auch Kinder und Erwachsene, die neu in der Schule sind. Was kannst du tun, damit sie sich wohl fühlen?

Wir erinnern uns an die Ferien

Hier gestalten Kinder eine Ferientafel.
Bilder, Fotos und Andenken erinnern an die Ferien.
Jedes Kind hat Wörter, einen Satz oder eine Geschichte dazu geschrieben.

① Finde heraus, welcher Text zu welchem Bild gehört!

② Ein Bild hat noch keinen Text. Schreibe selbst dazu!

Bilder, Wörter und Sätze erzählen

Mario und Lisa.

Mein Onkel hat einen neuen Traktor mit 50 PS. Jeden Tag durfte ich mit aufs Feld fahren.

Ich habe viele Muscheln gefunden.

1 Jedes Kind hat anders zu seinem Bild erzählt. Entdeckst du die Unterschiede?

2 Was fällt dir zu diesem Bild ein? Schreibe einen Satz dazu!

Wie hörst du, wann ein Satz zu Ende ist?

Denke an den großen Anfangsbuchstaben und den Punkt am Ende!

Für mich ist ein Satz wie ein Flug mit dem Flugzeug. Er startet, fliegt und landet.

3 Male ein Ferienbild und schreibe dazu!

4 Stelle dein Ferienbild vor!

5 Gestaltet gemeinsam eine Ferienwand!

Ich freue mich auf die Schule

Wenn alle zur gleichen Zeit sprechen, kann keiner etwas verstehen.
Erinnerst du dich noch an wichtige Regeln?

① Erkennst du die Regeln, die zu den Bildern gehören?

② Schreibe sie auf! Male dazu!

Tim erzählt:

„In meiner Schultasche sind viele neue Sachen.
Ein Füller, zehn Stifte, fünf Hefte, eine Federmappe, vier Bücher, eine Lupe, ein Malkasten, ein Pinsel, ein Block, viele Blätter, drei Bilder."

③ Manche Dinge hat Tim nur einmal. Sie stehen in der Einzahl.
Von anderen Dingen hat Tim mehrere. Sie stehen in der Mehrzahl.
Ordne so:

Einzahl	Mehrzahl
ein Füller	*zehn Stifte*
…	…

So lernst du mit Flo.

① So ein Boot könnte an eurer Klassenzimmertür hängen.
Ihr könnt auch einen Ballon, einen Regenbogen oder einen Blumengarten gestalten.

② Sicher fallen dir selbst Sätze für das Segel ein. Schreibe sie auf!

Wir	spielen	ins Schullandheim
Wir	schreiben	eine Gemüsesuppe
Wir	lesen	bis hundert
Wir	rechnen	ein ganzes Buch
Wir	kochen	mit dem Füller
Wir	fahren	ein Märchen

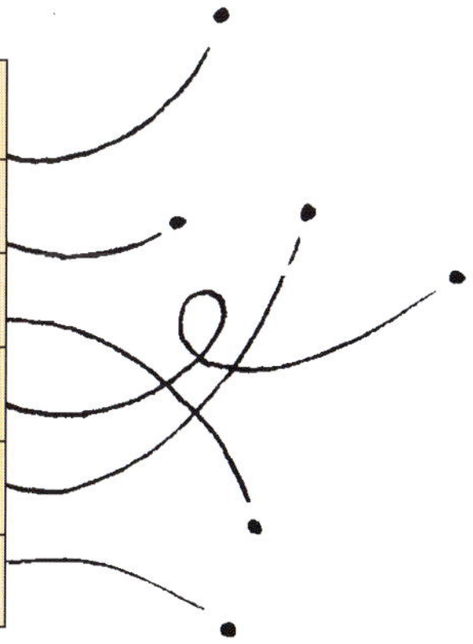

③ Schreibe die Sätze richtig in dein Heft!

Geburtstag in der Schule

Tina wird heute acht Jahre alt.
Vieles hat sie schon erlebt und
gelernt. Mit ihren Eltern hat
sie darüber nachgedacht.
Das haben sie aufgeschrieben:

Im 1. Jahr: Tina krabbelt schon.
Im 2. Jahr: Tina kann ganze Sätze sagen.
Im 3. Jahr: Tina bekommt ein Schwesterchen.
Im 4. Jahr: Tina lernt ihre Freundin Anke kennen.
Im 5. Jahr:
Im 6. Jahr:
Im 7. Jahr:
Im 8. Jahr:

Nun feiert Tina in der Schule. Sie trägt zu jedem Satz die Erde einmal um die Sonne.

○ Was hast du in deinem Leben erlebt und gelernt?
Schreibe es auf! Vielleicht hilft dir jemand dabei.

In Tinas Klassenzimmer gibt es einen Geburtstags-Briefkasten.
Die Kinder füttern ihn mit Geschenksätzen.

Tina hat sich Sätze über Tiere gewünscht.

SPRACHSTUDIO

Im Schulranzen sind viele Dinge:

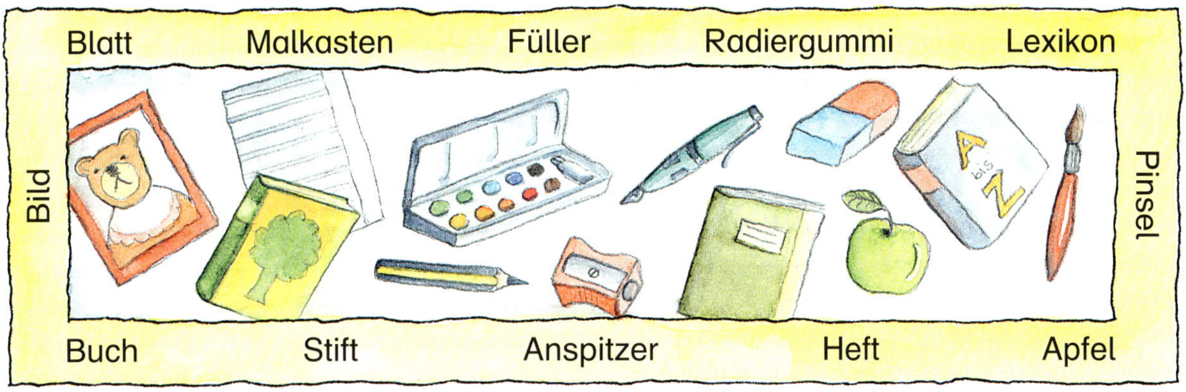

Beweise für Nomen:

1. Beweis: Ein Nomen ist ein Name für etwas.
2. Beweis: Zu jedem Nomen passt ein Artikel.
3. Beweis: Fast alle Nomen können in der Einzahl und Mehrzahl stehen.

○ Schreibe alle Dinge aus dem Schulranzen in Einzahl und Mehrzahl auf:

Einzahl	Mehrzahl
das Buch	*die Bücher*
…	…

SCHREIBSTUDIO

Bilder wachsen – Sätze wachsen

Eine Muschel ist
im Sand.

Ich habe eine Muschel
im Sand gefunden.

Ich habe eine Muschel
im Sand am Meer gefunden.

Opa und ich sind
auf dem Traktor.

Das ist ein Ball.

1. Lass die Sätze wachsen! Die Bilder helfen dir dabei.
   Merkst du, wie der Satz sich verändert, wenn er wächst?

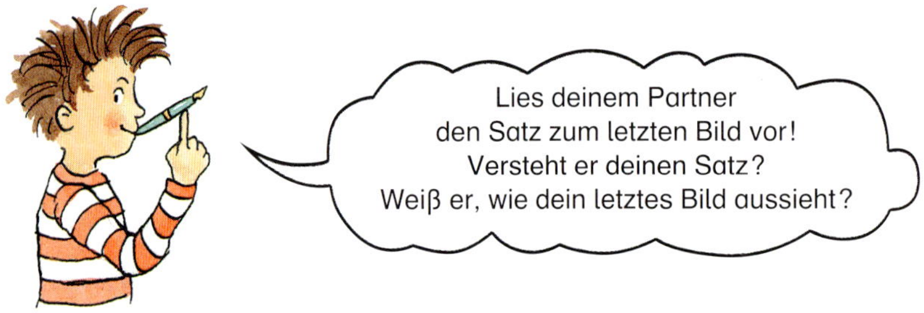

2. Prüfe deine Sätze wie Flipp!

KALEIDOSKOP

Pausen-Abc

A Angel-Spiel
B Brot
C Clown
D Dosen
E Essen
F Fußball
G
H Himmel und Hölle
I
J Jo-Jo
K
L Lehrer
M Mandarine
N
O
P Pausenhof
Qu Quatsch
R Ruhe
S
T
U
V
W
X
Y
Z

Grusel-Abc

A Außerirdischer
B
C
D Dracula
E
F Fliegendreck

Suche dir ein oder mehrere Wörter aus der Wörterkiste aus! Erzähle und schreibe dazu!

Unsere Klassen-Vogelhochzeit

Herbstzeit – Erntezeit

Erntezeit im Garten

① Eine reiche Ernte! Kennst du alle Sorten von Gemüse?
Schreibe die Nummer und den passenden Namen auf!
Schreibe so: *1. der Rettich, 2. die Kartoffel*

② Setze die Gemüsewörter in die Mehrzahl!
Schreibe so: *ein Rettich – viele Rettiche, ...*

Gemüserätsel

Wörterkiste

③ Schreibe selbst Gemüserätsel auf!
Verwende auch Wörter aus der Wörterkiste!

36

Frisch auf den Tisch

Wir kochen eine Gemüsesuppe,
hat die Lehrerin versprochen.

Die Kinder haben gemalt und geschrieben,
was sie mitbringen müssen:

  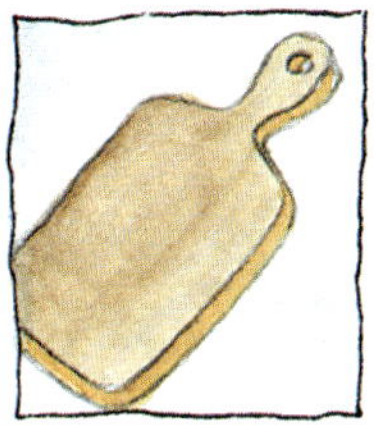  

Nun gibt es viel zu tun:

Wasser
wa**sch**en
putzen
sorgfältig
sauber

Messer
Brett
schneiden
vorsi**ch**tig
Stücke
klein

Topf
groß
hineingeben
alles Gemüse
Wasser

würzen
Kräuter
Pfeffer
Paprika
Salz

Suppe
ko**ch**en
Minute
Stunde
Ko**ch**löffel
umrühren

Teller
essen
wün**sch**en
guten Appetit!

Neben jedem Bild findest du auch Wörter,
die dir sagen, was du **tun** musst.

1. Was gibt es zu tun?
   Schreibe die Verben auf!
   Schreibe so: *waschen, putzen, …*
2. Schreibe Sätze zu den Bildern!

Leben in der Hecke

(1) Schau genau und erzähle, was du in dieser Hecke alles entdecken kannst!
Verwende dazu diese Wörter:

(2) Stellt euch Rätsel zum Heckenbild!
Denkt daran, jedes Lebewesen ist wertvoll und wichtig!

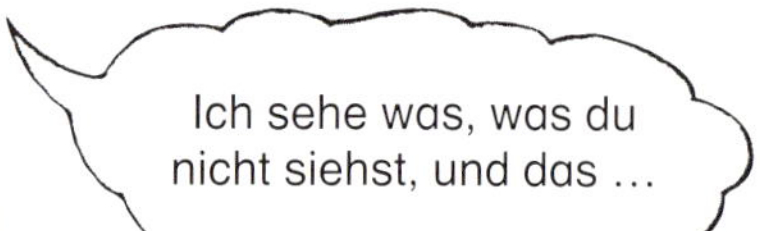

Hinter dichten Hecken …

① Du bist jetzt ein Heckengeist. Beobachte genau, was vor der Hecke passiert! Was kannst du sehen? Erzähle und schreibe deine Beobachtungen auf!

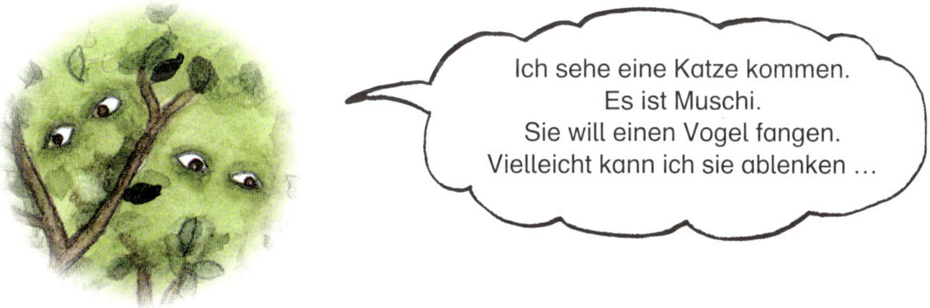

② Wie könnte die Geschichte weitergehen? Schreibe die Geschichte mit deinem Schluss!

❸ Mehrere Heckengeister hecken miteinander etwas aus. Schreibt gemeinsam eine Geschichte!

④ Heckengeister sorgen auch für ihre Hecke:
Sie verteidigen sie gegen Umweltsünder.
Was könnt ihr als Heckengeister für eine Hecke tun?

Ihr Blätter, wollt ihr tanzen?

Die Blätter wollen nicht nur tanzen.
Sie wollen auch wirbeln,
purzeln,
fallen,
schweben,
sinken,
liegen,
gleiten,
fliegen,
ruhen.

① Male oder klebe dir einen Baum ohne Blätter!
Schneide kleine bunte Blätter aus!
Suche dir ein Wort aus und schreibe jeden Buchstaben auf ein kleines Blatt!
Klebe die Bilder so auf, dass man sehen kann, was das Wort bedeutet!

② Jedes Blatt fällt anders zu Boden.
Schreibe so: *Ein Blatt wirbelt.*
Ein …

SPRACHSTUDIO

Verbenbäume

① Schreibe die Verben aus den Bäumen in der Grundform auf!
Schreibe so: *warten, legen, …*

Beweise für Verben:

1. Beweis: Verben antworten auf die Frage:
Was tut jemand?

2. Beweis: Verben passen hinter (ich) und (wir):
ich warte – wir warten.

② Schreibe alle Verben in der Ich-Form und in der Wir-Form auf!
Schreibe so: *warten, ich warte, wir warten, …*
Unterstreiche die Wortbausteine [e] und [en] in den Verben!

Verben passen nicht nur hinter (ich) und (wir):

ich	such [e]	wir	such [en]
du	such [st]	ihr	such [t]
er, sie, es	such [t]	sie	such [en]

③ Suche drei Verben aus! Bilde alle Formen!

SCHREIBSTUDIO

Rätselraten, bitte sehr – manchmal leicht und manchmal schwer!

Man kann es nicht streicheln. Es kann sich zu einer Kugel rollen. Dann ist es rund und spitz. Den Menschen geht es aus dem Weg.

Es ist eine Pflanze.

Es ist ein Tier und es kann krabbeln und fliegen. Es ist rot und hat schwarze Punkte.

① Zu welchem Rätsel findest du die Lösung leicht? Warum?

Gute Rätsel beschreiben genau
Diese Fragen können dir beim Rätselschreiben helfen:

② Schreibe ein Rätsel für eine Pflanze oder ein Tier aus dem Heckenbild von Seite 32! Beschreibe genau! Welche Fragen sind für dein Rätsel wichtig?

KALEIDOSKOP

Gemalte Herbstwörter

Herbst-Buch

Herbstbilder,
Herbstgedichte,
Blätterbilder,
Herbstgeschichten, …
… sammelt ihr im Herbst-Buch.

Lesezeichen selbst gebastelt

Anleitung:

- Klebe eine gepresste Blume auf einen Kartonstreifen!
- Überziehe den Streifen mit Folie!
- Loche den Streifen und ziehe Fäden oder ein Band durch!

Ich – du – wir

Das bin ich

Du bist du und ich bin ich!
Pass auf, daran erkennst du mich!

① Schreibe deinen Ich-bin-ich-Brief!
Was ist dir wichtig? Denke auch an Straße, Wohnort, Telefonnummer, Geschwister, Großeltern, Lieblingsspeisen, Hobbies, …!

Ich heiße Petra

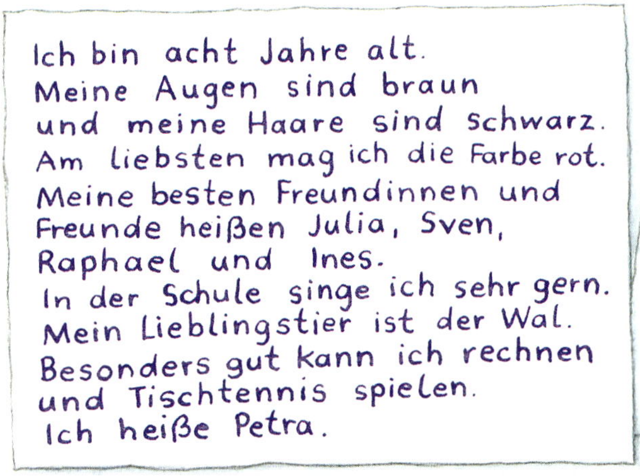
Ich bin acht Jahre alt.
Meine Augen sind braun
und meine Haare sind schwarz.
Am liebsten mag ich die Farbe rot.
Meine besten Freundinnen und
Freunde heißen Julia, Sven,
Raphael und Ines.
In der Schule singe ich sehr gern.
Mein Lieblingstier ist der Wal.
Besonders gut kann ich rechnen
und Tischtennis spielen.
Ich heiße Petra.

Petra hat ein Bild von sich und Sven dazugemalt. Seit einem Unfall vor zwei Jahren kann sie nicht mehr laufen und braucht einen Rollstuhl.
Wenn ihre Freunde und Freundinnen an den Geräten turnen, ist sie manchmal traurig. Doch wenn sie mit ihnen Ball spielt, ist sie froh.

② Was macht dich traurig und froh? Gestalte eine frohe oder eine traurige Seite für ein Ich-du-wir-Heft!

Als ich noch klein war

Nikola bringt Fotos mit.

Sie hat sogar einen  dabei.

Das war mein Schnuller.
Ich habe ihn „Didi“ genannt.

Peter hat ganz kleine Baby-Schuhe dabei.

Salık erzählt:
„Ich bin in Istanbul geboren.
Das ist eine große Moschee in Istanbul.“

Christian hat einen Zettel dabei.

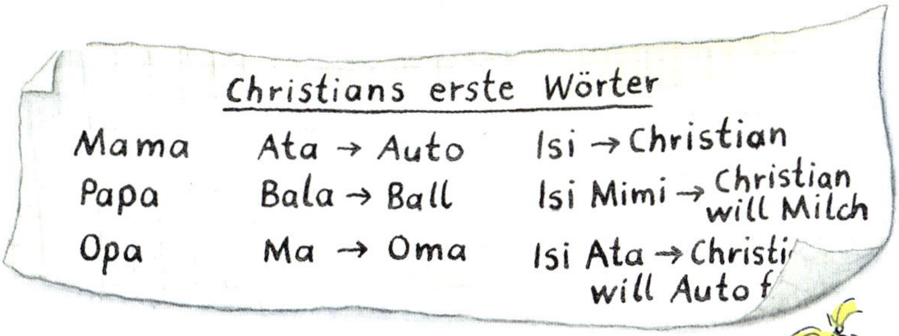

Christians erste Wörter

Mama	Ata → Auto	Isi → Christian
Papa	Bala → Ball	Isi Mimi → Christian will Milch
Opa	Ma → Oma	Isi Ata → Christi[illegible] will Auto f[illegible]

Seine Eltern haben das aufgeschrieben.

① Berichte und schreibe auf, wie es war, als du klein warst!

❷ Gestalte aus Fotos, Zeichnungen und Sätzen ein Ich-Blatt!

Ich bin ich – du bist du – zusammen sind wir wir

Meine Eltern, meine Schwester,
auch mein Bruderherz Sylvester,
meine beste Freundin Sarah,
sowie Ali und die Klara,
Mümmel (das ist mein Kaninchen)
und den Hamster namens Bienchen,
nachts am Himmel jeden Stern –
all das hab ich furchtbar gern.

① Wen hast du furchtbar gern?
Schreibe und male dazu!

Meine Freunde

② In einem Faltbuch können sich alle eintragen, die du gern hast.
Sicher malen sie ein kleines Bild für dich oder schreiben dazu.

Was mich glücklich macht

Tim liegt auf dem Sofa. Er ist allein und langweilt sich.
Da klingelt es an der Tür.

① Erzähle die Geschichte weiter! Wer kommt zu Tim? Was tun sie dann?

② Spielt die Geschichte!

Mit Freunden geht es mir gut

2. Wenn ich wütend bin, sag ich dir, ja, dann stampf und brüll ich wie ein wilder Stier.
3. Wenn ich albern bin, fällt mir ein, ja, dann quiek ich manchmal wie ein kleines Schwein.
4. Wenn ich traurig bin, stell dir vor, ja, dann heul ich wie ein Hofhund vor dem Tor.
5. Wenn ich fröhlich bin, hör mal zu, ja, dann pfeif ich wie ein bunter Kakadu.

Text und Melodie: Klaus W. Hoffmann

③ Wenn ich glücklich, wütend oder traurig bin,
tue ich etwas:
Schreibe so: *Wenn ich glücklich bin, hüpfe ich.*
Achtung! Im Lied steht nur: hüpf ich, stampf ich …
Kannst du dir denken, warum das ⓔ am Ende fehlt?

Gefühle zeigen ohne Worte

pfeifen

tanzen

singen

hüpfen

schreien

brüllen

schlafen

toben

rennen

springen

weinen

1. Was tust du, wenn du traurig, müde, frech, wütend, froh, glücklich, … bist? Erzähle!
2. Spiele es den anderen Kindern ohne Worte vor! Verstehen sie dich?

Ein Spiel gegen Langeweile

V**ie**r Kinder können mitsp**ie**len. Zuerst bereitet ihr ein Blatt vor:

Nun faltet ihr das Blatt.
Der Erste könnte „Mutter“ schreiben. Er faltet danach das Blatt um.
Der Zweite schreibt v**ie**lleicht „hüpft“ und faltet das Blatt um.
Der Dritte schreibt „mit Oma“ und der V**ie**rte „in der Badewanne“.

Dann faltet ihr das Pap**ie**r auf und lest den Satz vor.
Nun beginnt das Sp**ie**l von vorne.

SPRACHSTUDIO

Was wir zusammen tun können

lachen turnen rennen suchen schwimmen singen
kaufen malen rufen spielen bauen lernen

① Einer tut es.
Schreibe so:

ich turne,	*ich male,*
du turnst,	*du ...*
er turnt,	*.. ...*
sie turnt,	
es turnt	

② Viele tun es.
Schreibe so:

wir turnen,	*wir malen,*
ihr turnt,	*ihr ...*
sie turnen	*sie ...*

Grundform		turn	en
Ich-Form	ich	turn	e
Du-Form	du	turn	
Er-/Sie-/Es-Form	er, sie, es	turn	
Wir-Form	wir	turn	
Ihr-Form	ihr	turn	
Sie-Form	sie	turn	

Flo ist froh:

Der Hauptbaustein
ist immer gleich.
Aber die Endbausteine!

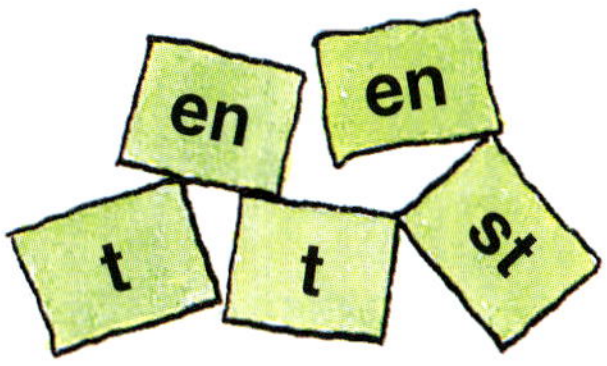

③ Suche dir oben einige Verben aus und setze sie in alle Formen!
Markiere den Endbaustein farbig!

SCHREIBSTUDIO

Tim liegt auf dem Sofa und langweilt sich.

Da klingelt es an der Tür.

Geschichten schreiben

Wer steht vor der Tür?

Was sagt Tina?

Wie geht deine Geschichte weiter?
Tina und Tim spielen Eisenbahn.

○ Schreibe deine Langeweile-Geschichte! 110

Schreibe so: ___ *steht vor der Tür.* ___ *sagt:* ___ . ...

KALEIDOSKOP

Das-bin-ich-Bild

Lege dich auf ein großes Blatt Papier!
Jemand zeichnet mit dem Stift um dich herum.
Schneide diese Figur aus!

Jeder darf nun hineinschreiben,
was er Gutes über dich weiß.
Auch du schreibst alles Wichtige
in die Figur.
Du kannst sie dann anmalen
und bunt gestalten!

Manchmal-wär-ich-gern-Geschichten

Manchmal wär ich gern ein Vogel.
Ich kann überall hinfliegen.
Und wenn jemand mit mir schimpft,
mache ich ihm einfach auf den Kopf –
und weg bin ich.

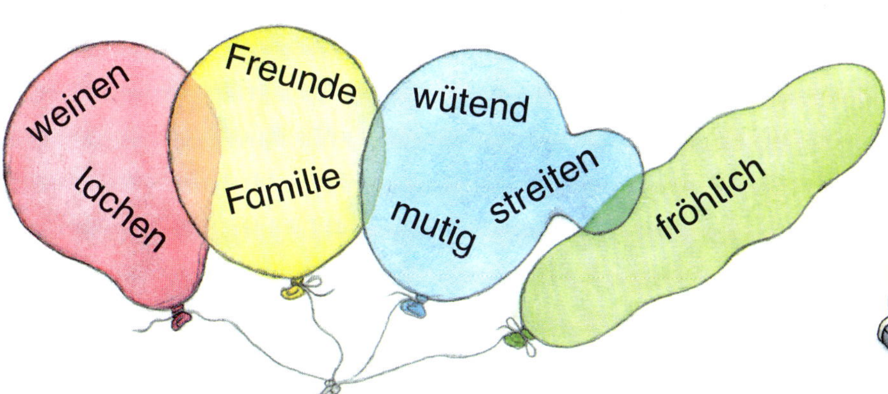

Kinderzeit und Kinderwünsche

Was ein Tag alles bringt

Thomas geht in die zweite Klasse. So sieht sein Tagesablauf aus.

① Erzähle zu den Bildern! Ist dein Tagesablauf genauso?

② Male deinen eigenen Tagesablauf! Schreibe dazu!
Wörter findest du in dieser Wörterkiste:

schlafen, träumen, aufstehen, Zähne putzen, waschen, frühstücken, anziehen, zur Schule gehen, rechnen, schreiben, lesen, turnen, Pausenbrot essen, heimgehen, zu Mittag essen, Hausaufgaben machen, Rollschuhe laufen, fernsehen, Fußball spielen, Tisch decken, zu Abend essen, spielen, bauen, zu Bett gehen

③ Stelle deinen Tagesablauf vor!

④ Es gibt auch Samstage, Sonntage und Feiertage. Da ist dein Tagesablauf anders. Erzähle!

Um 15 Uhr ist Freizeit! Oder?

Lukas, 7 Jahre — Özlem, 7 Jahre — Petra, 8 Jahre — Michael, 8 Jahre

Lukas

Nach dem Essen mache ich meine Hausaufgaben. Danach habe ich freie Zeit zum Spielen.

Petra

Der Bus bringt mich von der Schule nach Hause. Um 15 Uhr muss ich zur Gymnastik. Danach spiele ich mit Freunden.

Michael

Meine Mutter kommt erst um 14 Uhr von der Arbeit. Bis 15 Uhr helfe ich ihr im Haushalt. Dann gehe ich zum Fußballspielen.

Özlem

Ich habe zwei kleine Geschwister. Auf die passe ich auf, bis meine Eltern nach Hause kommen.

(1) Berichte über deine Freizeit!

(2) So haben diese Kinder ihre Freizeit verbracht. Vergleiche!

(3) Stelle deine Freizeit von einem bestimmten Tag dar!

Ich brauche unbedingt ...

1. Imke ist mit Vatis Vorschlag nicht einverstanden. Vergleiche!
2. Imke möchte ein ganz bestimmtes Fahrrad.
   Welche Fahrräder findest du toll? Schreibe auf und zeichne!

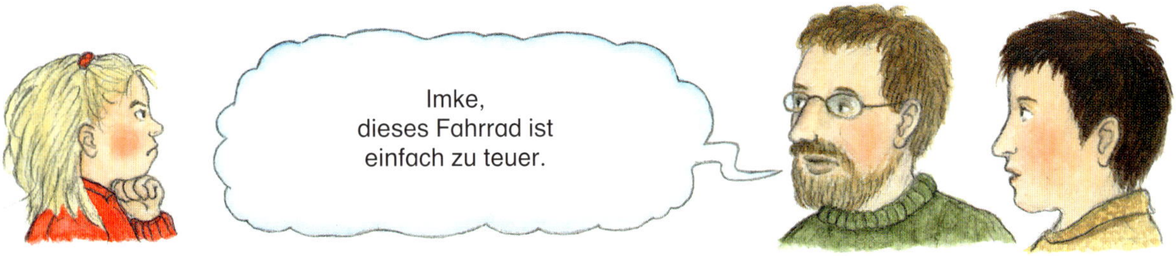

3. Imke und ihre Eltern sprechen über Imkes Wunsch.
   Spielt das Gespräch weiter!
4. Hast du auch manchmal solche Wünsche? Was tust du, damit sie in Erfüllung gehen?

Wünsche, Wünsche, Wünsche!

① Was ist bei guten Turnschuhen wichtig? Sprecht darüber!

② Jeder von uns hat viele Wünsche.

③ Schreibe deine wichtigsten Wünsche auf!

④ Spurt verspricht dir, einige Wünsche zu erfüllen.
Schreibe so: *Wenn du Spurt-Turnschuhe hast, dann ...*
Entspricht die Werbung der Wahrheit? Was meinst du?

⑤ Gestaltet ein Werbeplakat für ein Fahrrad, einen Füller, Inlineskates, Schi, ...!

Freizeit im Dschungel

In der Turnhalle:	Im Urwald:
Mateja klettert auf die Leiter.	Mateja klettert auf einen Baum.
Dann schwingt sie am Seil.	Liane.
Nun springt sie auf die Matte.	Fluss.
Sie steigt über den Kasten.	Felswand.
Endlich findet sie den Mattenwagen.	Boot.
Damit holt sie den Ball.	Schatz.

① Verwandle die Turnhallen-Geschichte in ein Urwald-Abenteuer!

② Schreibe die Urwald-Geschichte mit den Adjektiven!
Schreibe so: *Tim klettert auf den hohen Baum. Dann … .*
Wie hört sich die Geschichte nun an?

③ Was rufen die Kinder? Schreibe die Ausrufe auf!

④ Rufe genauso wie die Kinder im Urwald! Wie klingen die Ausrufe?

⑤ Auch hier geht es laut zu: auf dem Fußballplatz, auf dem Spielplatz, im Schwimmbad. Warum?
Male ein Bild! Schreibe passende Ausrufe dazu!

SPRACHSTUDIO

Im Urwald

Bäume Sträucher Schlangen Elefanten Tiger Vögel Affen

wild alt dicht giftig frech bunt riesig

① Schreibe mit den passenden Adjektiven!
Schreibe so: *Es gibt alte Bäume. Es gibt … .*

Beweise für Adjektive:

1. Beweis: Adjektive antworten auf die Frage: Wie ist etwas?
2. Beweis: Adjektive passen zwischen Artikel und Nomen.
3. Beweis: Zu vielen Adjektiven gibt es Wörter, die das Gegenteil sagen.

Beispiel: 1. Beweis: Wie ist der Tiger? [illegible]
2. Beweis: Der [illegible] Tiger
3. Beweis: wild – zahm

alt groß heiß weich

② Suche für diese Adjektive alle drei Beweise!

③ Was könnten die Urwaldkinder rufen?
Schreibe so: *Tim ruft: Hilfe!*

Nach einem Ausruf steht ein Ausrufezeichen.

SCHREIBSTUDIO

Vom lieben Drachen

Ein kleiner, lieber Drache lebte vor kurzer Zeit auf einem niedrigen Felsen.
Jedes Jahr raubte das nette Tier die hässliche Prinzessin.
Der junge König und seine böse Frau waren natürlich froh, als der hübsche Drache angeflogen kam.
Aber da meldete sich ein feiger, alter Ritter, der mit dem freundlichen Drachen kämpfen wollte. Es gab einen winzigen Kampf. Schließlich besiegte der furchtsame Ritter das friedliche Tier. Alle Leute waren betrübt über das Ende.

Eine komische Geschichte. Warum?

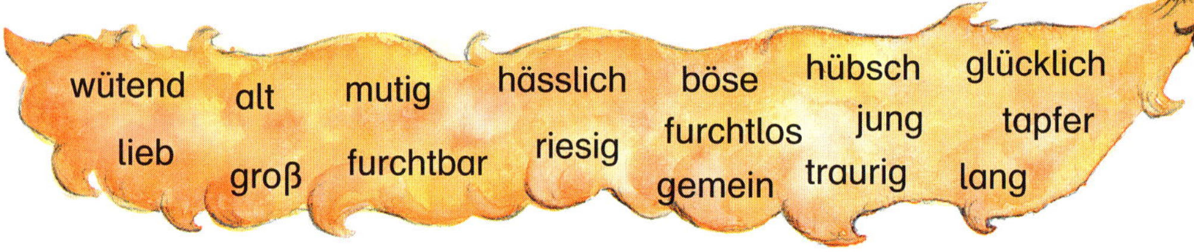

① Lies die Geschichte vor! Verwende die passenden Adjektive!

② Schreibe mindestens drei Sätze mit passenden Adjektiven auf!

Drachenkampf

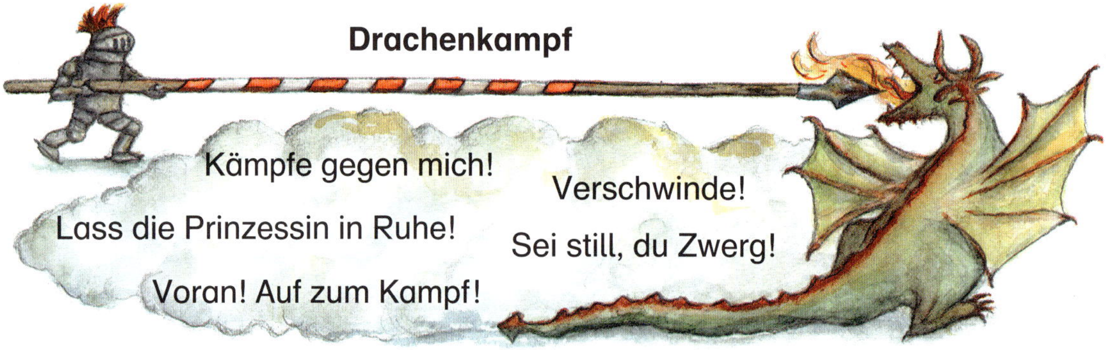

Der Ritter schreit: ______ Der Drache brüllt: ______
Das antwortet der Ritter: ______ Der Drache lacht laut: ______
Ohne Angst ruft der Ritter: ______

③ Schreibe so: *Der Ritter schreit: „Kämpfe gegen mich!"*
Du brauchst den (:), diese Zeichen („ ") und das (!).

KALEIDOSKOP

Das macht mir Spaß!

Was ist dein Hobby? Gestalte deine Hobby-Seite!

Für langweilige Nachmittage: Eine Spiele-Kartei

Meine Homepage

Homepages von anderen Kindern findest du unter: www.kindernetz.de

Die vier Jahreszeiten

Vier **v**erschiedene Zeiten im Jahr

Nun wird es kalt.
Schnee fällt.
Wir ziehen uns warm an.
Aber ein helles Licht
strahlt in der Nacht.

Ein kühler Wind weht.
Die Äpfel sind reif.
Die **V**ögel fliegen
nach Afrika.

Es wird warm.
Die ersten Blumen
blühen. Die **V**ögel
kommen aus Afrika
zurück.

Dann wird es heiß.
Die Sonne scheint
den ganzen Tag.
Wir haben lange Ferien
und gehen schwimmen.

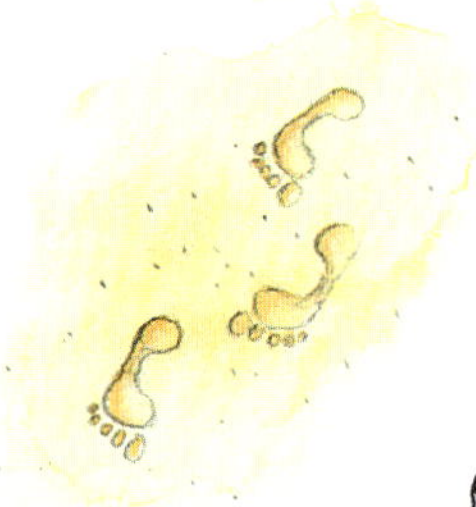

114

① Jeder Text erzählt von einer bestimmten Jahreszeit. Welche Geschichte beschreibt den Frühling, den Sommer, den Herbst und den Winter?

② Schreibe den Text deiner liebsten Jahreszeit ins Heft!
Was fällt dir noch dazu ein? Schreibe auf!

Ein Kind schreibt einen Satz. | Das Blatt wird weitergegeben. | Jetzt schreibt das nächste Kind einen Satz. | Schreibt so viele Sätze, bis ihr glaubt, dass eure Geschichte fertig ist.

③ Schreibt miteinander eine Jahreszeiten-Geschichte!

Winterwörter

Sammeln …

… und ordnen

Sport und Spiel	Kleidung	Wetter
der Schlitten		

① Ordne die Winterwörter in die Tabelle ein!

Auch so könnt ihr Winterwörter sammeln:

② Gestaltet miteinander ein Plakat mit Winterwörtern!

③ Schreibe mit Hilfe der gesammelten Winterwörter eine Geschichte!

Jahreszeitengedichte

Frühling

Gehe, Winter, bitte sehr!
Lieber Frühling, komm du her!

Grüne Bäume,
grüne Wiesen,
Vögel zwitschern,
es wird warm.
Weiße Blüten,
erste Blumen,
Ringelreihen
Arm in Arm.

aber

Kaltes Wasser,
noch nicht baden,
Schule sitzen,
oh, herrje!
Aprilwetter,
Sonne, Regen,
Wind und Hagel,
Sturm und Schnee.

Sommer

Gehe, Frühling, bitte sehr!
Lieber Sommer, komm du her!

Warmes Wasser,
baden, schwim-
men, Speiseeis
und
braun gebrannt.
Im Zelt wohnen,
barfuß laufen,
Ferienreise,
heißer Sand.

aber

Schwüle, Schweiß
und schwarze
Wolken, Blitz und
lauter Donnerknall.
Hitze, Durst
und Bienenstiche,
Mückenschwärme
überall.

① Lies die Texte zum Frühling, Sommer und Herbst!
Was fällt dir auf? Was gefällt dir besonders gut? Erzähle!

② Welche Bilder passen zu den einzelnen Strophen des Gedichts?
Suche im Text die passende Stelle!
Schreibe so: *Frühling → grüne Wiesen*

Herbst

Gehe, Sommer, bitte sehr!
Lieber Herbst, komm du her!

Bunte Bäume,
blauer Himmel,
rote Äpfel,
Blätterreigen.
Gelbe Birnen,
goldne Sonne,
Lagerfeuer,
Drachensteigen.

aber

Vögel ziehen,
grauer Himmel,
Blätter fallen
und viel Regen.
Tage kürzer,
es wird kälter,
Bodenfrost,
und Stürme fegen.

Text: Alfons Schweiggert

Winter

Gehe, Herbst, bitte sehr!
Lieber Winter, komm du her!

aber

③ Schreibe selbst einen Text zum Winter!

④ Gestalte deinen Text!

mit dem Computer

mit der Schul-
druckerei

mit Farbstiften

mit Bildern

mit …

⑤ Lies dein Wintergedicht anderen Kindern vor!
Vergleicht eure Gedichte!

Ein Jahr im Kalender

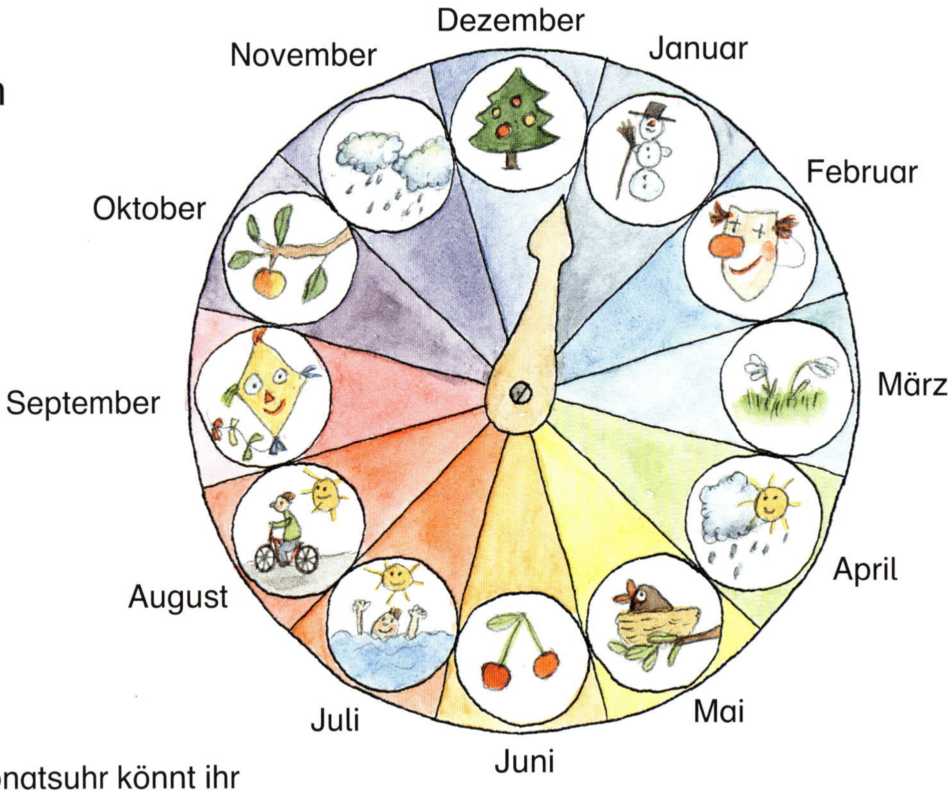

① So eine Monatsuhr könnt ihr für die Klasse basteln!

② Bringe einen Kalender mit! Trage Tage, die für dich wichtig sind wie Geburtstage, Ferienbeginn, ..., ein!

Rätselfragen

Welche Monatsnamen haben nur eine Silbe?
In welchem Monat beginnt der Frühling?
Wie heißt der achte Monat im Jahr?
Welcher Monat kommt vor dem Mai?
Welcher Monat kommt nach dem Oktober?
Wie heißt der kürzeste Monat im Jahr?

③ Schreibe die Antworten in dein Heft!
Schreibe so: *Der Monatsname* ______ *hat nur eine Silbe.*

SPRACHSTUDIO

So ein Durcheinander!

① Überlege dir Namensschilder für die beiden anderen Kisten!

② Schaffe Ordnung! Schreibe so: *Spielzeug: Würfel, ...*

Sammelnamen helfen ordnen.

Fragen gesucht!

③ Denke dir zu jeder Antwort eine Frage aus!
Schreibe mindestens zwei Fragen mit ihren Antworten auf!

④ Finde auch Fragen zu anderen Monaten und beantworte sie!

Wenn du etwas wissen willst, stellst du eine Frage.
Fragesätze haben am Schluss ein Fragezeichen.

70

SCHREIBSTUDIO

Jörg will diese Geschichte aufschreiben.
Erst hat er gesammelt, was in der Geschichte stehen muss:

Leo und Lea fahren Schlitten.
Da ist auch Lumpi.
Dann läuft Lumpi weg.
Dann bellt er.
Dann kommen Leo und Lea.
Dann gräbt Lumpi.

Jörg hat die Geschichte sorgfältig überarbeitet und neu aufgeschrieben:

Leo und Lea sausen mit dem Schlitten
den Berg hinunter.
Lumpi rennt mit.
Plötzlich läuft Lumpi weg.
Er bellt ganz laut.
Dann kommen Leo und Lea dazu.
Neugierig fängt Lumpi an zu graben.

① Vergleiche die beiden Texte! Was hat Jörg geändert?

② Was ist für eine gelungene Geschichte wichtig?

③ Schreibe die Geschichte zu Ende!

Verwende

nur dann und wann!

KALEIDOSKOP

Glückwunschkarten für Geburtstagskinder in der Klasse

So kannst du dich bei anderen Kindern für Glückwünsche und Geschenke bedanken.

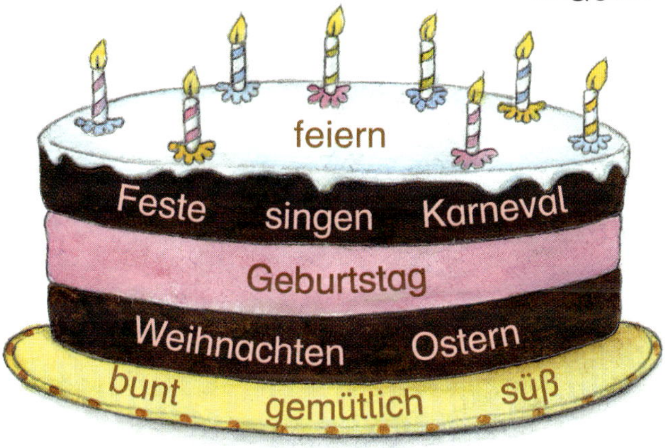

Ein ganzes Jahr am Stück – ein selbst gebastelter **Kalender**

Mit allen Sinnen die Welt erfassen

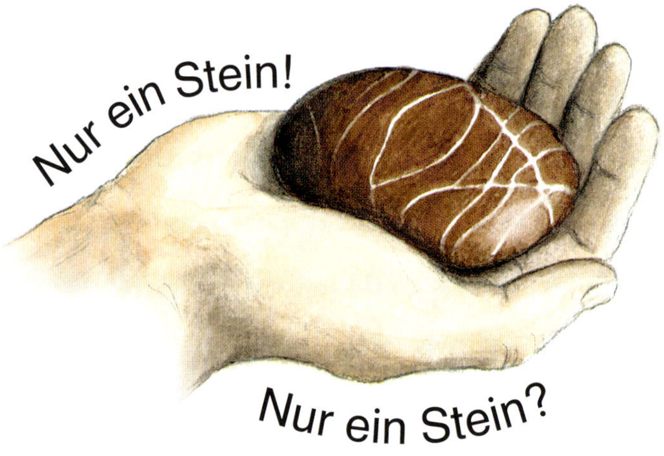

Ich habe ihn gefunden. Im Garten.
Braun ist er mit feinen weißen Adern.
Ein dünner **Sp**rung auf einer Seite.
Fast wie ein Herz – seine Form.
Glatt fühlt er sich an,
am Rand ein bisschen rau.
Wenn ich ihn an meine **St**irn halte,
ist er ganz kühl.
Sogar hören kann ich ihn,
wenn er einen anderen **St**ein trifft.

1. Suche dir auch einen Stein! Lerne ihn genau kennen!
Schau ihn genau an! Fühle ihn mit den Fingern!
Was spürst du? Ist er leicht? Fühlt er sich kalt an? Ist er glatt?
Du kannst deinen Stein auch riechen und hören.

2. Schreibe einen Text zu deinem Stein!

3. Auch diese Dinge kannst du untersuchen und kennen lernen:

eine Muschel | eine Nuss | ein Blatt | eine Kastanie | ein Ästchen

Wenn du genau hinsiehst, merkst du, dass auch die kleinen Dinge aus der Natur schön und wertvoll sind. Erzähle!

Auf Entdeckungsreise mit allen Sinnen

① Welche Adjektive passen zu welchem Sinn? Ordne!

- Wie etwas aussieht.
- Wie etwas riecht.
- Wie sich etwas anhört.
- Wie etwas schmeckt.
- Wie sich etwas anfühlt.

Eine Adjektiv-Katze

② Schreibe einen Adjektiv-Bild-Text zu einem Tier, zu einer Sache, …!

Auf Entdeckungsreise mit allen Sinnen

	1	2	3	4	5
	frisch	wie ein Ball rund grün hat einen Stiel		süß fein lecker	glatt rund

① Untersuche selbst mit allen Sinnen: Seife, Brot, Wasser, … !
Schreibe auf, was du entdeckt hast!

Eine Fühl-Kiste

② Etwas ohne Hilfe der Augen zu erkennen, ist besonders schwer. Beschreibe genau, was du fühlst!

③ Wer nicht sehen kann, braucht besondere Hilfen.
Welche kennst du?

Ein Indianer mit scharfen Sinnen: Großer Bär

Großer Bär kann scharf sehen, er hört hervorragend und spürt feinste Spuren.
Großer Bär schult seine Sinne und hält sie gesund.

Was sagt Großer Bär dazu?

wenig fernsehen
still werden
lesen
wandern
frische Luft
Obst essen
draußen spielen
leise Musik hören
ausruhen
Sport treiben
wenig Süßes essen

◯ Schreibe dir einige wichtige Indianer-Regeln auf!

leise Musik hören

viel frisches Obst essen

Ein Indianer-Frühstück in der Schule

Großer Bär erklärt:

Was erklärt Großer Bär?

① Schreibe die Sätze auf!

Großer Bär plant mit der Klasse ein gesundes Frühstück

② Plant selbst ein Indianer-Frühstück in der Schule!
Jedes Kind entscheidet, was es mitbringt.
Schreibe dir einen Merkzettel!

Alle leckeren Sachen werden auf einem Tisch aufgebaut:

SPRACHSTUDIO

Von allem etwas

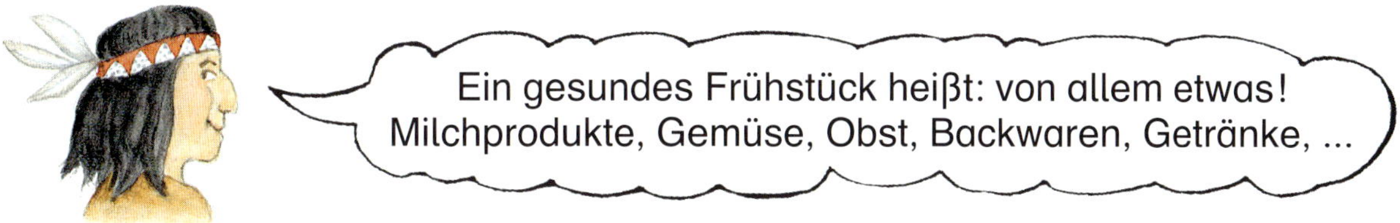

① Ordne die Speisen Oberbegriffen (Sammelnamen) zu!
Schreibe so: *Milchprodukte: Quark, Butter, ...*
Gemüse:
Obst:
Backwaren:
Getränke:

Groβer Bär kauft im Supermarkt ein.

② Wo findet Groβer Bär seine Lebensmittel?
Schreibe so: *Vollkornbrot: Backwaren, ...*

SCHREIBSTUDIO

Merkzettel

Nina schreibt:

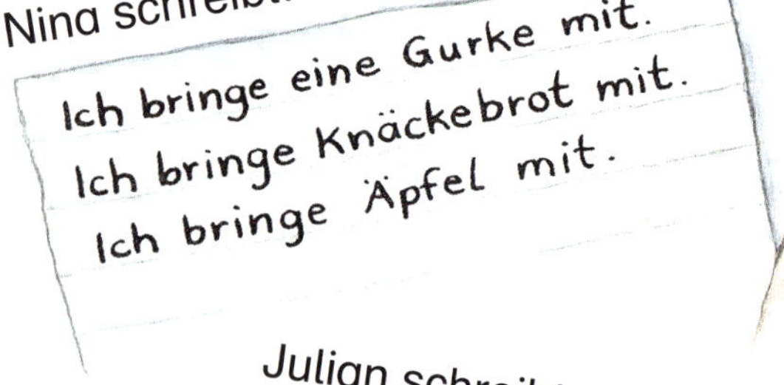

Hans schreibt:

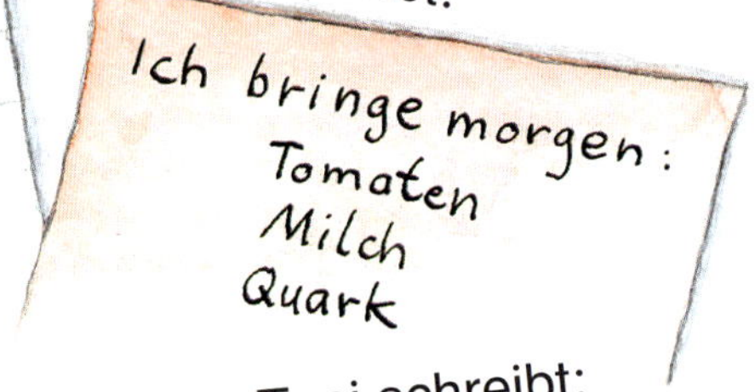

Julian schreibt:

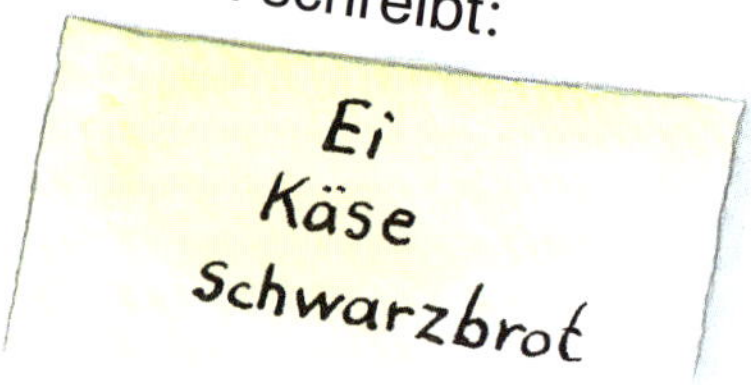

Toni schreibt:

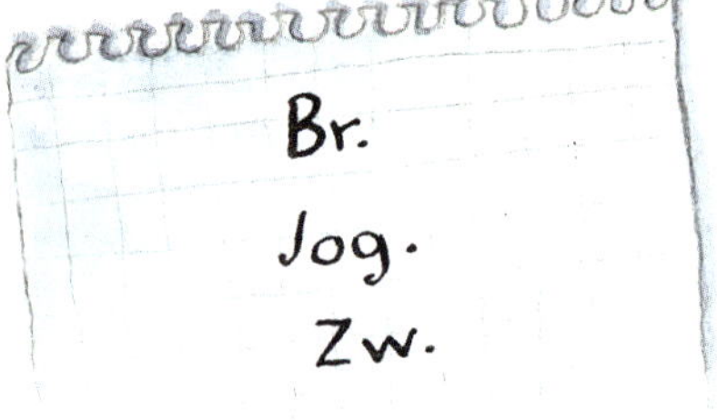

① Wer hat alles kurz und klar aufgeschrieben?

Notizen im Hausaufgabenheft

Die Lehrerin sagt:
„Rechne im Arbeitsheft auf Seite 17 Nummer 2 und 3!
Lies im Lesebuch die Geschichte auf Seite 9 noch einmal durch!
Vergiss nicht, Wörter mit (st) zu sammeln!“

Julian schreibt:

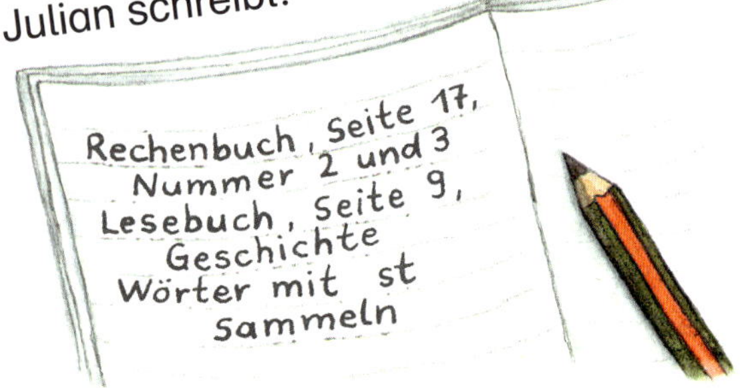

Toni schreibt:

② Wie notierst du deine Hausaufgaben? Schreibe auf!

③ Überlege dir Abkürzungen für: Sprachbuch, Lesebuch, Rechenbuch, ... !

KALEIDOSKOP

Das schmeckt zum Indianer-Frühstück!

1. Radieschen und Apfel klein schneiden,
2. Joghurt in eine Schüssel gießen,
3. Radieschen und Apfel dazugeben,
4. Schnittlauch klein schneiden,
5. Joghurt mit dem Schnittlauch bestreuen.

Lise – Lase – Lese – Übung

Quirk	Krasse	Mulch
Quork	Krisse	Milch
Quark	Krosse	Malch
Quurk	Kresse	Melch

Ein Kresse-Gärtchen

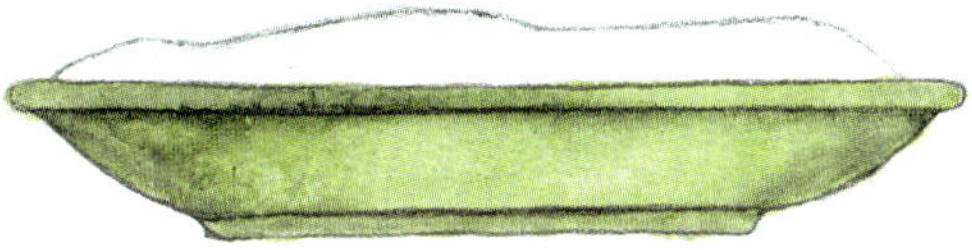

1. Watte auf einen Teller legen.

2. Watte anfeuchten.

3. Kressesamen säen.
4. Warten und feucht halten. Was passiert in den nächsten Tagen?

Haustiere

Tierischer Besuch

Anna hat ein Kaninchen geschenkt bekommen.
Heute bringt sie es mit in die Schule.
Die Kinder haben viele Fragen:

Das sind Annas Antworten:

Es ist erst vier Wochen alt.
Es frisst Salat, Rüben und Gras.
Ich habe es von meiner Oma bekommen.
Ich habe einen Stall im Garten.
Ich nenne es Hoppel.

① Zu jeder Frage gehört eine Antwort.

Schreibe so: *Wie alt ist es? Es ist erst vier Wochen alt.*

② Zeichne den Klangbogen dazu!

Auf die Betonung kommt es an!

③ Für dein Haustier trägst du die Verantwortung. Sorge dafür!

75

Wer weiß Bescheid?

Die Kinder in der Klasse haben eine Idee: Wir wollen über viele Haustiere etwas erfahren. Jede Gruppe entscheidet sich für ein anderes Tier.

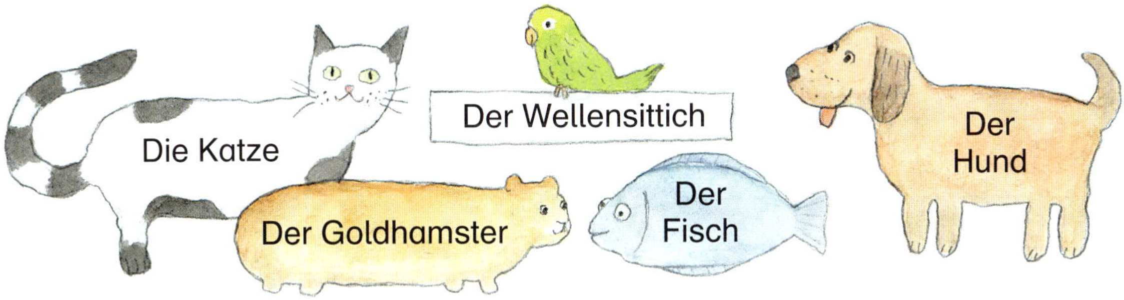

Die Kinder wollen sich genau informieren:

1. Welche Experten können die Kinder noch befragen?
2. Wie bereiten sich die Kinder auf das Gespräch vor?
3. Wie halten sie ihre Informationen fest?

Experten stellen vor

Jede Gruppe hat zu ihrem Tier ein Plakat gestaltet.
Das ist das Plakat der Katzengruppe:

◯ Gestaltet selbst solche Plakate über ein Tier!

Ein Lernplakat erstellen

1. Ein Tier auswählen
2. Fragen sammeln
3. Fachleute fragen, Bücher lesen, ...
4. Fotos, Texte, Bilder, ... sammeln
5. Texte schreiben
6. Informationen auf dem Plakat anordnen

Eine Katzengeschichte

① Verfolge Minkas Spur auf dem Bild!

② Jetzt kennst du die ganze Geschichte. Schreibe sie auf!
Denke daran: Ein Geschichte besteht aus Sätzen!

③ Suche eine passende Überschrift!

❹ Erzähle ein weiteres Abenteuer von Minka!
Schau dir dazu das Bild rechts an!

❺ Schreibe die Geschichte auf!

Tiergeschichten

Der Goldhamster

Der Goldhamster ist ein Nagetier. Seine Nagezähne sind scharf. In seinen Backen hamstert er sein Futter. Der Goldhamster ist in der Nacht wach. Am Tag schläft er.

Mein Hund Bobby

Bobby ist mein bester Freund. Wenn ich aus der Schule komme, gehe ich mit ihm spazieren. Am liebsten spielt er mit mir Fußball.

Ich bin eine kleine Katze.

Ich heiße Minz und lebe mit meiner Schwester Maunz in einem schönen Haus mit einem großen Garten. Am Tag schlafen wir in unserem Katzenkorb. In der Nacht wollen wir hinaus. Wir klettern auf Bäume oder schleichen durch die Hecke. Da gibt es immer etwas zu entdecken!

1 Lies die drei Texte! Wodurch unterscheiden sie sich?

2 Was für eine Geschichte möchtest du schreiben? Dies kann auch eine Wunschtier-Geschichte sein.

3 Schreibe deine Geschichte auf! Überarbeite sie mit den Vorschlägen auf Seite 76!

4 Lege eine Kartei zu verschiedenen Haustieren an. Benutze dazu die Fragen auf Seite 75 oben und übertrage sie auf deine ausgewählten Tiere.

SPRACHSTUDIO

Fragen und Antworten

Markus hat ein Meerschweinchen. Sabine fragt, Markus antwortet.

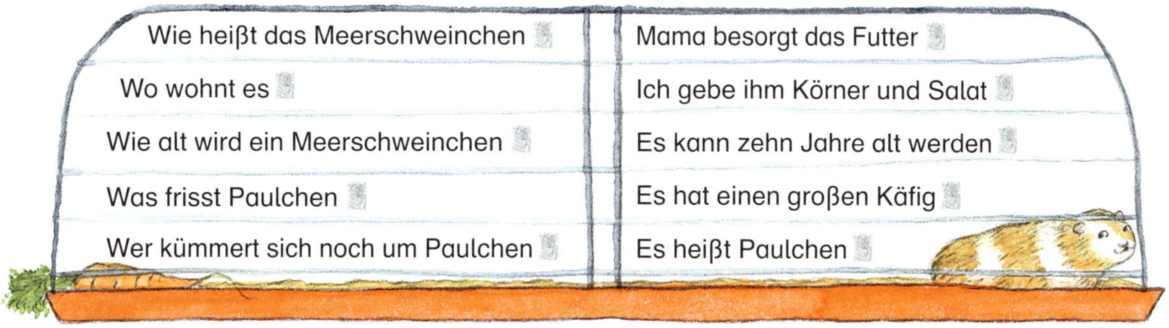

Wie heißt das Meerschweinchen	Mama besorgt das Futter
Wo wohnt es	Ich gebe ihm Körner und Salat
Wie alt wird ein Meerschweinchen	Es kann zehn Jahre alt werden
Was frisst Paulchen	Es hat einen großen Käfig
Wer kümmert sich noch um Paulchen	Es heißt Paulchen

1 Überlege, ob am Satzende ein Fragezeichen oder ein Punkt steht!

2 Schreibe die Sätze in dein Heft! Zeichne den Klangbogen richtig dazu!

Am Klangbogen kannst du Frage und Antwort voneinander unterscheiden.

Fragesatz: ?

Antwortsatz: .

Fragesätze fangen oft mit Fragewörtern an: **Wie** heißt das Meerschweinchen?

Wie ist Minka?

Minka ist ein Katzenkind. Sie ist noch … .
Minka will vieles entdecken. Sie ist … .
Minka klettert auf den Baum. Sie ist … .
Minka bekommt Angst. Sie ist … .

3 Suche aus dem Korb die passenden Adjektive, die Minka genau beschreiben!

SCHREIBSTUDIO

Geschichten überarbeiten

Jörg liest seine Haustier-Geschichte vor. Die anderen Kinder hören zu. Dann sprechen sie über den Text.

Jörg hat jetzt viele Ideen, wie er seinen Text überarbeiten kann:

- Er sucht nach verschiedenen Satzanfängen: ⊙
  Der kleine Hund … *Mein bester Freund …* *Struppi …*
- Er stellt manche Sätze um:
  Am liebsten frisst …
- Er verwendet Adjektive, um genauer zu beschreiben:
  Er hat ein braunes Fell.
- Er erzählt ausführlicher:
  Nachts schläft mein Hund in seinem eigenen Körbchen in der Küche.

① Schreibe Jörgs Geschichte neu! Beachte die Änderungsvorschläge!

② Überarbeite deine eigene Tiergeschichte!

KALEIDOSKOP

Tierische Sprache

Sauwetter

Hasenfuß

Schlaufuchs

hundemüde

bärenstark

Findest du noch andere tierische Wörter?

Tierische Rätsel

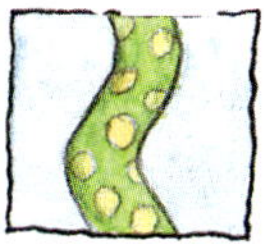

Mein Hals ist sehr lang. Ich wohne in Afrika. Kennst du meinen Namen?

Ich habe eine dicke Mähne und kann laut brüllen. Man nennt mich auch den König der Tiere. Wer bin ich?

Ich bin kein Fisch, lebe aber im Meer. Ich bin sehr groß. Zum Atmen komme ich an die Wasseroberfläche.

Tierische Scherzfragen

Welches Pferd schwimmt im Meer?

Welche Ratten verschlingen Bücher?

Welcher Hahn kann nicht krähen?

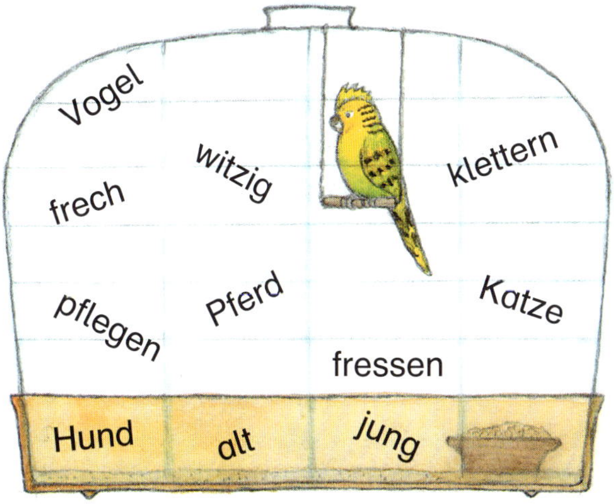

Andere Länder, andere Sprachen

Kinder und Familien in aller Welt

Ich heiße Teresa und bin acht Jahre alt. Ich lebe in Polen. In meiner Familie sind wir zu sechst: Mama, Papa, meine drei Schwestern und ich. Am liebsten esse ich Pizza. Ich möchte Tänzerin werden.

Ich bin Mika aus Finnland. Ich bin neun Jahre alt. Meine Mama heißt Tarika. Meine Brüder heißen Timo und Tero. Ich gehe gern fischen. Rechnen mag ich am liebsten. Wenn ich erwachsen bin, werde ich Tierarzt.

Mein Name ist Xi Wang. Ich wohne in China. Ich bin acht Jahre alt. Wir sind fünf Personen zu Hause: die Großeltern, die Eltern und ich. Ich lese gern Märchen und bastle viel. Wenn ich groß bin, werde ich Lehrerin.

① Und du? Erzähle von deiner Familie!

So schreiben die Kinder ihre Namen:

Teresa   Mika   希望

② Wie schreibst du deinen Vornamen und deinen Nachnamen? Probiere verschiedene Möglichkeiten auf einem Blatt Papier aus!

③ Trage die Namen einiger Kinder aus deiner Klasse in eine Liste ein! Lass die Kinder daneben unterschreiben!

Kennst du diese Vornamen?

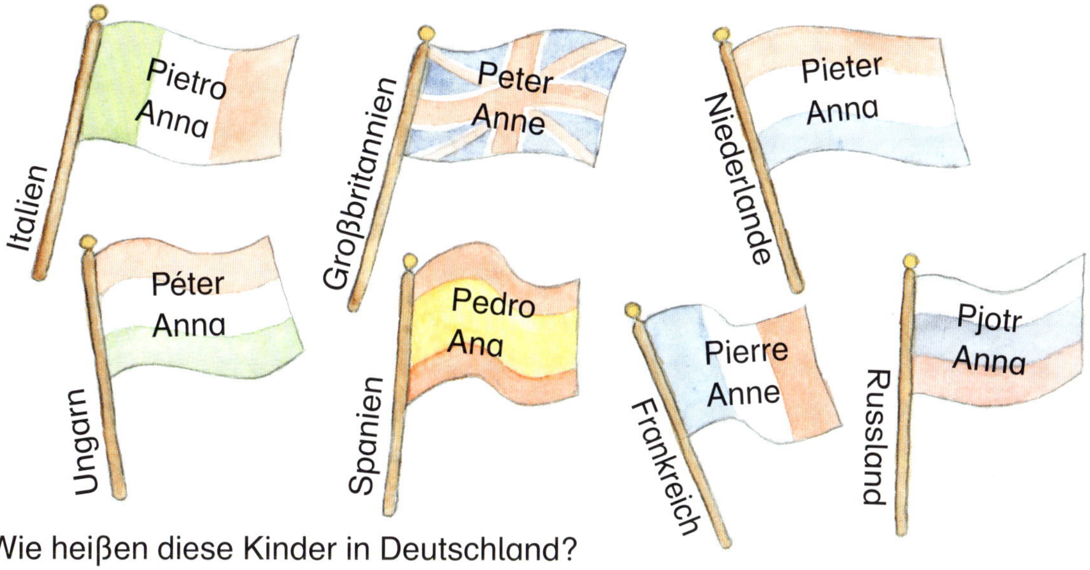

1 Wie heißen diese Kinder in Deutschland?

In fremden Sprachen klingen manche Namen ähnlich wie bei uns.

So nennen Kinder ihre Eltern:

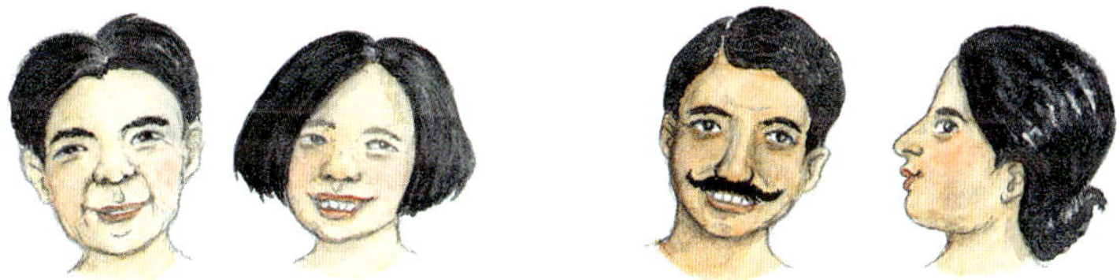

türkisch:	anne, baba	rumänisch:	mamà, tatà
deutsch:	Mama, Papa	französisch:	maman, papa
arabisch:	umma, aba	tschechisch:	maminka, tatínek
spanisch:	mamà, papà	russisch:	mama, papa
englisch:	mum, dad	polnisch:	mama, papa
italienisch:	mamma, pabbo	ungarisch:	anyu, apu

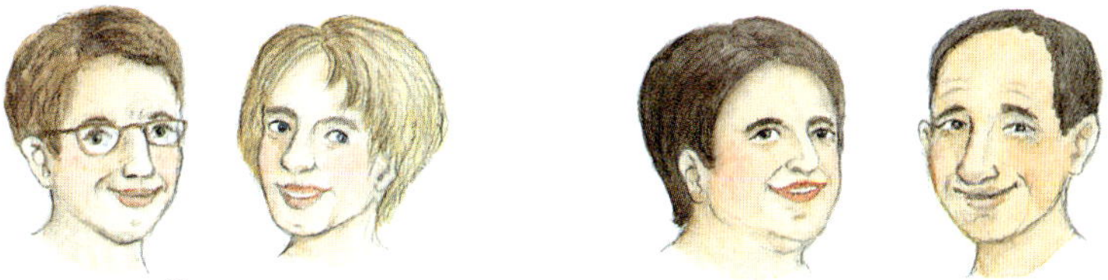

2 Wo entdeckst du Ähnlichkeiten mit deiner Sprache?

3 Finde heraus, wie Oma und Opa in verschiedenen Sprachen heißen!

Wörter - words - mots - słowa - slova - parole

Ein Bilderbuch in vielen Sprachen

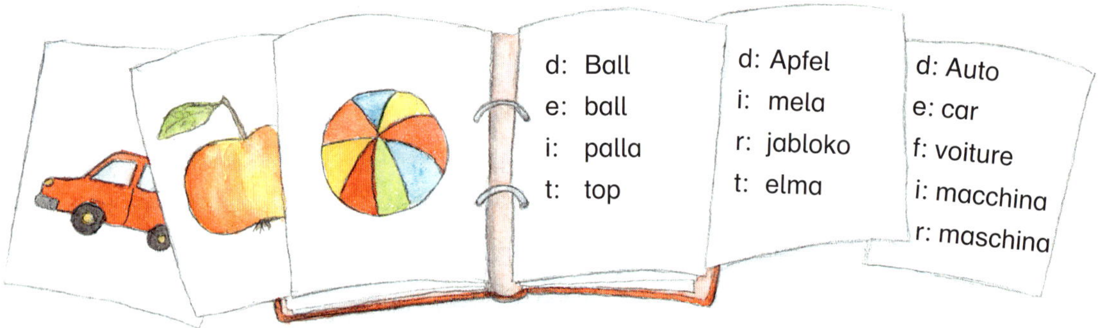

d: deutsch e: englisch f: französisch i: italienisch r: russisch t: türkisch

① Male und schreibe selbst so ein Wörterbuch!

Die wichtigsten Wörter und Sätze

Guten Tag	Bon giorno	Merhaba
Auf Wiedersehen	Arrivederci	Allah is marladık
Danke	grazie	teşekür ederim
Bitte	prego	lütfen
Ich heiße ...	Io mi chiamo ...	Benim adım ...
Wie heißt du?	Come ti chiami?	Senin adın ne?

② Sammelt Wörter in den Sprachen eurer Mitschülerinnen und Mitschüler! Gestaltet ein Plakat!

83

Verstehen ohne Worte

So begrüßen sich Menschen in anderen Ländern:

Grönland

Japan

Frankreich

① Kennst du noch andere Möglichkeiten, sich zu begrüßen?

② Erfindet selbst Begrüßungsformen!

Verstehst du Ayşe und Roberto?

Auch Bilder können sprechen

③ Verstehst du diese Verkehrszeichen?

④ Welche Verkehrszeichen sind noch für dich wichtig?
Sammle Bilder oder male selbst!

Spielen bei uns und anderswo

Auszählreime

eeny, meeny, miny, moe,
[ini, mini, maini, mo,

catch a tiger by the toe.
kätsch a taiga bai se to,

If he hollers,
If hi hollas,
make him pay
mejk him pej

fifty dollars every day.
fifti dollars everi dej.]

(englisch)

Eins, zwei, drei, vier,
fünf, sechs, sieben,
meine Mutter,
die kocht Rüben,
meine Mutter,
die kocht Speck,
und du bist weg.

1. Auszählreime für Kinder gibt es in vielen Sprachen. Lerne einen auswendig!
2. Suche nach Auszählreimen in deiner Sprache! Schreibe sie auf!

Ohne Spielzeug spielen

3. Für viele Spiele braucht man oft ganz wenig. Welche Spiele ohne Spielzeug kennst du?

SPRACHSTUDIO

In fremden Sprachen klingen manche Wörter ähnlich wie bei uns.

englisch	italienisch	französisch
bread [bräd]	pane [pane]	pain [pä]
school [skul]	scuola [skuola]	école [ekol]
sister [sister]	sorella [sorella]	sœur [sör]
sun [san]	sole [sole]	soleil [soläi]
cat [kät]	gatto [gatto]	chat [scha]
rose [rous]	rosa [rosa]	rose [ros]

Sonne

Katze

Brot

Rose

Schwester

1. Lies die fremden Wörter und suche das passende deutsche Wort dazu!
2. Schreibe Wörter, die du dir merken willst, in dein Heft!

Körpersprache – Sprache ohne Worte

Hallo! | Juhu! | Zu spät! | Du liebe Güte!

3. Lies die Ausrufe und ordne sie den Bildern zu!
4. Wähle einen Ausruf aus und lies ihn vor!
5. Finde weitere Beispiele für „Sprechen ohne Worte“! Spiele sie vor!

SCHREIBSTUDIO

Kinder in aller Welt

Alle Kinder dieser Welt
brauchen jemanden, der sie liebt,
der ihre Hand in seiner hält,
der ihnen Essen, Kleidung gibt.

Alle Kinder dieser Welt
brauchen Freunde, die sie lieben, ...

◯ Was brauchen alle Kinder dieser Welt noch?
Schreibe weiter!
Die Wörter in den Denkblasen helfen dir!

KALEIDOSKOP

Für welches Land stehen diese **Auto-Plaketten?** Aus welcher Stadt könnte das Auto kommen?

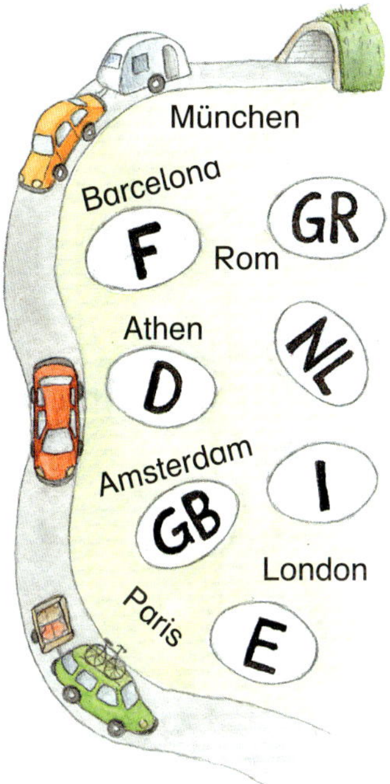

Urlaubskisten

Ihr könnt eine Urlaubsausstellung in eurer Klasse aufbauen.
Und so geht's:

- Nehmt für jedes Land, das von euch schon besucht worden ist, einen Karton!
- Legt von jedem Land kleine Mitbringsel und Ansichtskarten hinein!
- Auf die Kiste könnt ihr die Flagge des Landes malen.

Das Lied vom **Bruder Jakob** gibt es in vielen Sprachen:

Text/Melodie: aus Frankreich

Ihr könnt Lieder und Spielideen aus anderen Ländern sammeln.

Baumeister und andere Berufe

Schnuddelbuddel baut ein Haus

ⓐ Einmal sagte Schnuddelbuddel:
„Heute baue ich ein Haus, und
wer macht mit?“

„Ich“, rief Schnuddelpferdchen.

ⓑ Schnuddelpferdchen trug die Bretter,
und Schnuddelbuddel baute
die Wände und das Dach.
Als das Haus fertig war,
rief Schnuddelpferdchen:
„Und wo wohne ich?“

ⓒ „Wir brauchen jetzt noch:
1 Badezimmerhaus
1 Sägezimmerhaus
1 Honigeimerzimmerhaus
1 Balkonzimmerhaus
1 Kaninchenstallhaus
1 Ferienzimmer- und
1 Aussichtszimmerhaus
1 Kanarienvogelgesangs-
zimmerhaus
1 Freizeit-Gartenlauben-
Penthaus
1 Wolkenzimmerhaus und
1 Hubschraubergarage.“

Text/Bild: Janosch

① Welche Häuser bauen Schnuddelbuddel und Schnuddelpferdchen?

② Welches Haus gefällt dir besonders gut? Beschreibe, wie es darin aussehen könnte!

Ein Traum-Schulhaus

Hier haben die Kinder Zimmer für ein Traum-Schulhaus erfunden.

1. Überlege dir Namen für die anderen Zimmer!
2. Wie sieht es in den Zimmern aus? Was kann man darin tun?
3. Erfinde selbst ein Zimmer für das Traum-Schulhaus!
4. Male ein Bild davon und beschreibe es!

91

Schüler in der Traum-Schule

Im Traum-Schulhaus haben die Schulsachen besondere Namen:

Ein		heißt	Wörterversteck.
Ein		heißt	Tintensammler.
Ein		heißt	Spurenzieher.
Eine		heißt	Rückenkiste.
Ein		heißt	Buchstabenfresser.
Eine		heißt	Kreidewand.

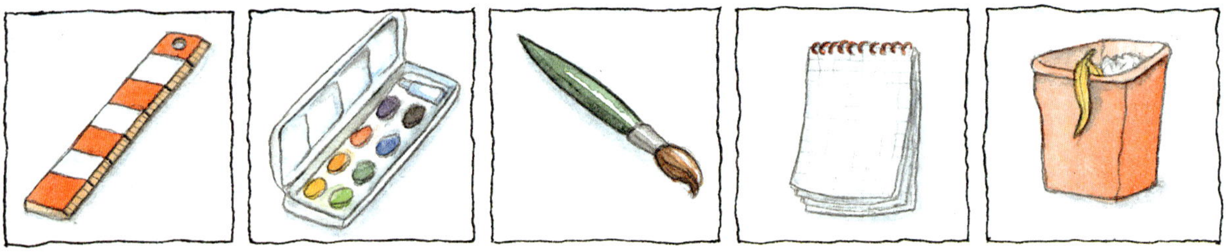

① Überlege dir Namen für diese Gegenstände!
Schreibe so: *Ein Lineal heißt* … .

Im Traum-Schulhaus

Tom wischt die Tafel. Max spitzt seine Stifte.
Magdalena schmökert in einem Buch.
Lea sucht ihren Radiergummi.
Tine teilt die Hefte aus.
Petra holt ihren … *aus der Schultasche.*

② Übersetze die Geschichte in die Sprache der Traum-Schule und schreibe sie auf!

③ Schreibe die Geschichte weiter! Verwende auch die von dir erfundenen Wörter!

92

Sonderbare Berufe

Wörter wörtlich genommen

① Wie heiβen diese Wörter?

② Setze die Nomen zusammen!
Schreibe so: *die Hose, tragen – der Hosenträger, ...*

Berufe, die es wirklich gibt:

- eine Ärztin, die Tiere verarztet
- ein Bäcker, der nur Pizza macht
- eine Händlerin, die Bücher verkauft
- ein Fahrer, der Busse lenkt
- eine Mechanikerin, die Autos repariert
- ein Wissenschaftler, der die Natur erforscht
- eine Botin, die die Post bringt
- ein Mann, der zu Hause arbeitet

③ Wie heiβen diese Berufe?
Schreibe so: *Eine Ärztin, die Tiere verarztet, ist eine Tierärztin.*

Wir bauen Häuser

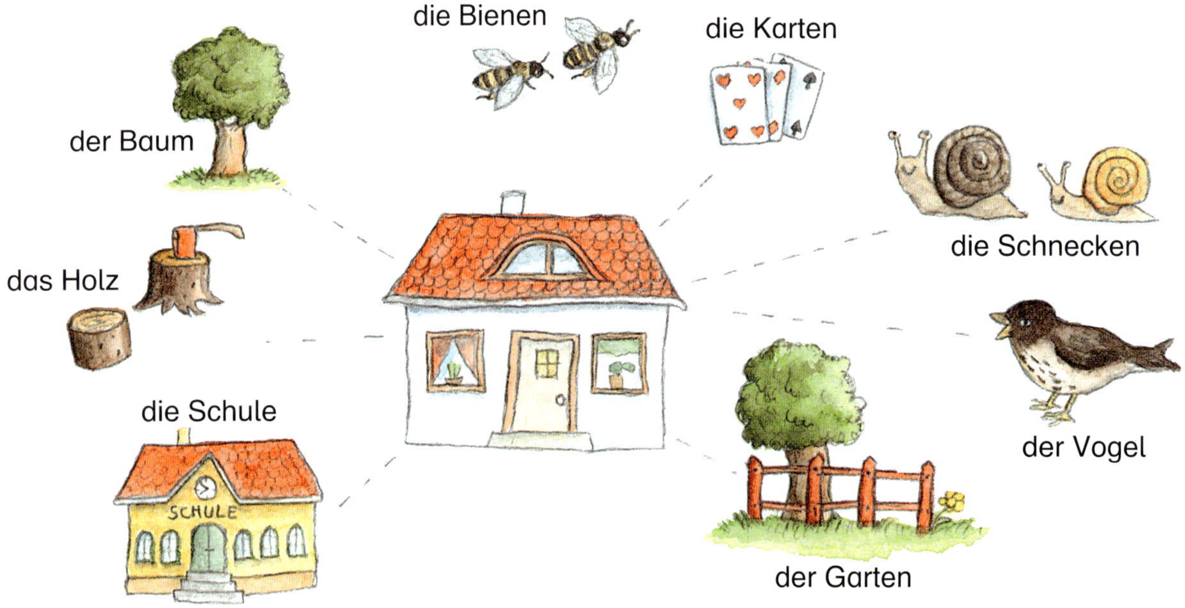

1. Wie heißen diese Häuser?
2. Setze die Nomen zusammen!
   Schreibe so: *der Baum, das Haus – das Baumhaus, ...*

Versteckte Wörter

das Honigzimmerhaus, das Kaninchenstallhaus, die Rückenkiste,
die Kreidewand, das Wörterversteck, das Tierzimmer

3. Welche Wörter sind hier versteckt?
   Schreibe so: *das Honigzimmerhaus: der Honig, das Zimmer, das Haus, ...*

Eine Treppe aus Nomen

Regen
Regenbogen
Regenbogenfisch
Regenbogenfischfutter
Regenbogenfischfutterdose

91

4. Erfinde selbst Nomentreppen!

SPRACHSTUDIO

Nomen kann man zusammensetzen.
Zusammengesetzte Nomen bezeichnen genau.

Zwei Wörter – eine Sache

1 Bilde zusammengesetzte Nomen!

Wörterrätsel

1. Ich bin das Tier des Monats Mai.
2. Ich bin ein Haustier und nachts munter.
3. Ich webe ein Netz.
4. Ich trage mein Haus auf dem Rücken.
5. Ich lebe am Wasser und auf dem Land.
6. Beim Tauchen im Meer entdeckst du mich.

2 Setze die Nomen zusammen!

3 Sammle selbst Tiernamen, die aus zwei oder drei Nomen zusammengesetzt sind! Kennst du Tiernamen, die noch länger sind?

Was passt nicht?

der Adler	die Meise	die Eule	der Wurm	der Papagei	der Storch
der Wal	der Goldfisch	die Qualle	der Karpfen	die Forelle	der Hamster
die Feldmaus	die Hausmaus	die Spitzmaus	die Wüstenrennmaus	die Mickey Mouse	

4 Ein Wort in jeder Reihe passt nicht. Finde es heraus!

SCHREIBSTUDIO

Was ich einmal werden möchte

① Kennst du diese Berufe? Welche anderen Berufe kennst du noch?

② Was möchtest du gerne einmal werden? Schreibe auf!
Der Leser deiner Geschichte will erfahren:

– Was möchtest du einmal werden?
– Was gefällt dir an diesem Beruf?
– Was möchtest du in diesem Beruf alles tun?

Kinder einer 2. Klasse haben ihre Berufswünsche aufgeschrieben, mit der Schuldruckerei gesetzt und daraus ein kleines „Berufe-Buch" angefertigt.

Wenn ich groß bin, möchte ich Eiskunstläuferin werden. Dann kann ich immer Schlittschuh fahren und immer schöne Sachen anziehen.

Johanna

Vielleicht werde ich aber auch Tierpflegerin. Dann könnte ich mich um die Tiere kümmern, die mich brauchen.

Melanie

Vielleicht werde ich aber auch Krankenschwester. Dann kümmere ich mich um kranke Leute und bestimmt werden sie wieder gesund.

Larissa

KALEIDOSKOP

Schule für Tiere
Ein Spiel mit Stabpuppen

Bei den Walfischen:

Lehrer 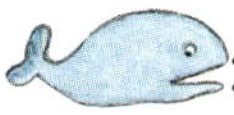:

„Jetzt haben wir Luftanhalten.

Keiner darf nach oben schwimmen."

(Stille)

Kleiner 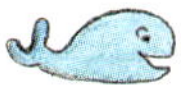:

„Aber jetzt, Herr Lehrer!"

: „Nein, Wali, du bleibst!"

: „Aber ich muss, Herr Lehrer!"

Spiele weiter!

Das Berufespiel
(mach es selbst)

Du brauchst zwei rote und zwei schwarze Würfel, weil du bis zu 12 Punkten würfeln musst. Für den vorderen Wortteil nimmst du die roten Würfel, für den hinteren Wortteil die schwarzen Würfel.
Beispiel: Haben die roten Würfel 11 Punkte und die schwarzen Würfel 5, ergibt das „Nervengärtner".

2 Briefträger
3 Dachdecker
4 Tierforscher
5 Kindergärtner
6 Grenzwächter
7 Möbelschreiner
8 Spaßmacher
9 Holzhacker
10 Fußpfleger
11 Nervenarzt
12 Kettensprenger

(Mädchen hängen einfach ein -in an.)

Hans Manz

Wasser macht Spaß

Ein Wasserfest

Die Klasse 2a veranstaltet im Sommer auf dem Schulhof ein Wasserfest.

① Schau dir das Bild genau an und erzähle dazu!

Schiff versenken

Mitspieler: zwei bis vier
Material: Planschbecken oder große Schüssel mit Wasser, Brot- oder Seifendose, Gießkanne.
Spielverlauf: Reihum gießen die Kinder aus der Kanne vorsichtig etwas Wasser in das Schiff (Dose).
Ende: Wer das Schiff versenkt, hat verloren.

Wasser-Staffel

Mitspieler: gerade Zahl
Material: ein Joghurtbecher für jedes Kind, Wasser
Spielverlauf: Zwei Staffeln werden gebildet. Der erste Läufer jeder Staffel erhält einen vollen Becher. Er rennt zu seinem Partner und gießt das Wasser in dessen Becher. So geht das hin und her, bis jeder Spieler an der Reihe war.
Ende: Gewonnen hat die Gruppe, die am wenigsten verschüttet hat.

② Zu welchen Spielen passen diese Regeln?

③ Kennst du noch andere Wasserspiele?
Erklärt euch gegenseitig die Spielregeln! Probiert sie aus! Gebt Acht, Wasser ist kostbar! Verwendet beim Spielen nicht zu viel davon!

Spiele mit Wasser

① Sucht einen Namen für dieses Spiel!

② Schreibe die Spielregel so auf, dass sie alle Fragen beantwortet!
Diese Wörter helfen dir:

Auf die Plätze, fertig, los!

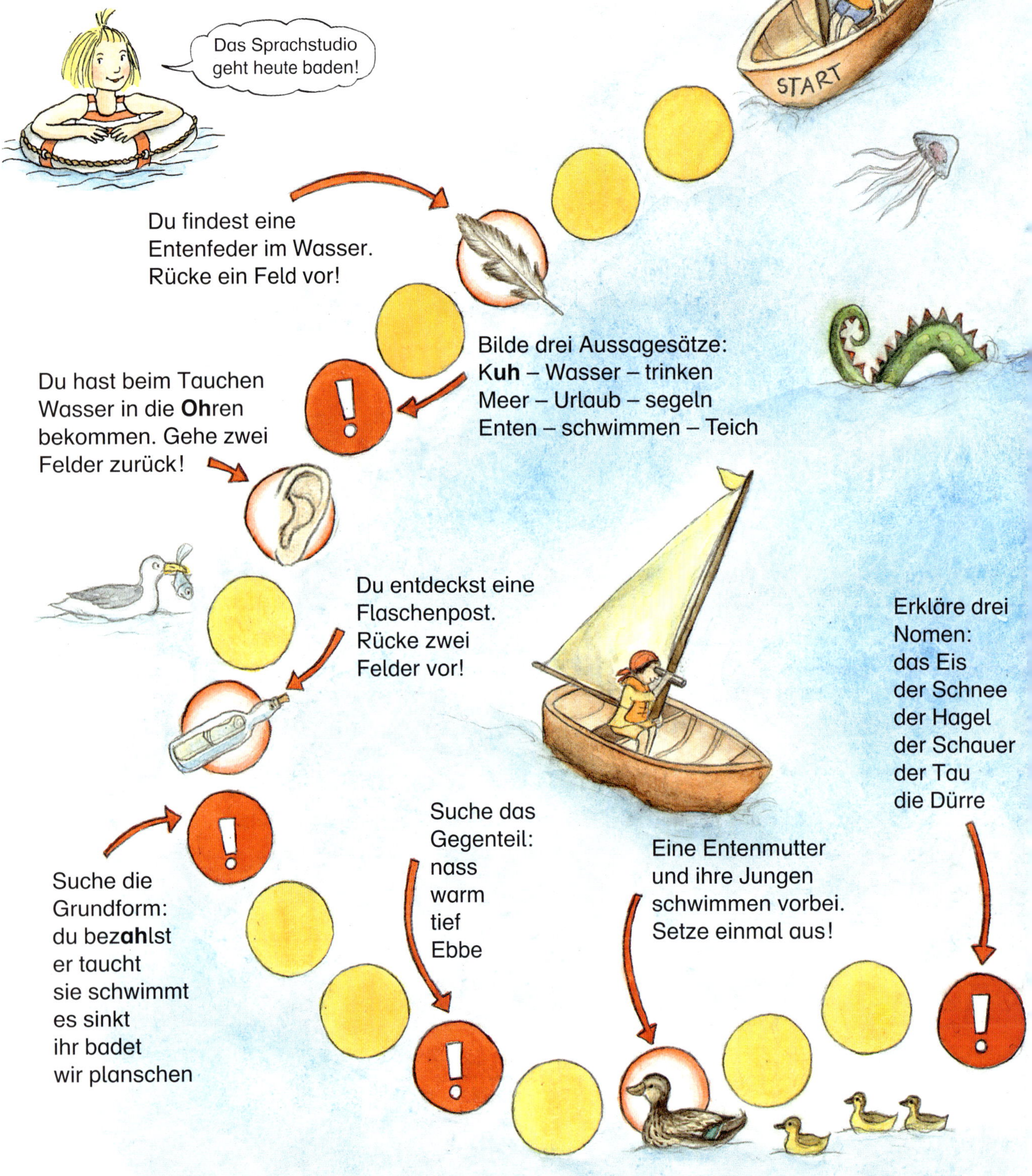

Jeder Mitspieler braucht einen Spielstein und einen Würfel.
Rücke so viele Felder vor, wie du gewürfelt hast!

Bilde drei zusammengesetzte Nomen mit „Wasser“,
z. B.: das Badewasser:
die **Uh**r, der Dampf, der Schlauch, der Tropfen, der Regen, trinken, baden, fallen, der H**ah**n, das Fest, das Meer, der Grund, der Fl**oh**

Suche den Sammelnamen für:
der See, das Meer, der Fluss, der Teich, der Tümpel, ...!

Wie heißt das Wort?
Wo Wasser aus der Erde sprudelt, ist eine [illegible] .
Ein kleiner Wasserlauf heißt [illegible] .
Wenn das Wasser alles überflutet, spricht man von einer [illegible] .

Günstiger Wind treibt dein Segelboot voran. Rücke drei Felder vor!

Der Wetterbericht kündigt Sturm an. Gehe drei Felder zurück!

Bilde die M**eh**rzahl:
der Fisch
die Muschel
die Welle
der Regen
der Bach

Wie ist das Wasser? Nenne drei Adjektive!

Bilde Fragen zu den Aussagesätzen:
Du kannst schwimmen.
Er taucht gern.
Sie badet am Abend.

Du sammelst Müll am Seeufer. Rücke zwei Felder vor!

Wenn du die Aufgabe richtig gelöst hast, darfst du stehen bleiben.
Wenn nicht, musst du ein Feld zurückgehen.

SCHREIBSTUDIO

1 Betrachte das Erzählbild! Sprecht gemeinsam darüber!

2 Suche dir auf dem Bild etwas aus und schreibe eine Geschichte darüber!

3 Jeder kann mithelfen, dass die Natur so schön bleibt. Was könnt ihr tun?

KALEIDOSKOP

Gedichte selbst gemacht!

Elfchen

Ein Elfchen ist ein Gedicht,
das aus **elf** Wörtern besteht.
Es hat einen Bauplan.

So sieht der Bauplan aus:
1. Zeile: ein Wort
2. Zeile: zwei Wörter
3. Zeile: drei Wörter
4. Zeile: vier Wörter
5. Zeile: ein Wort

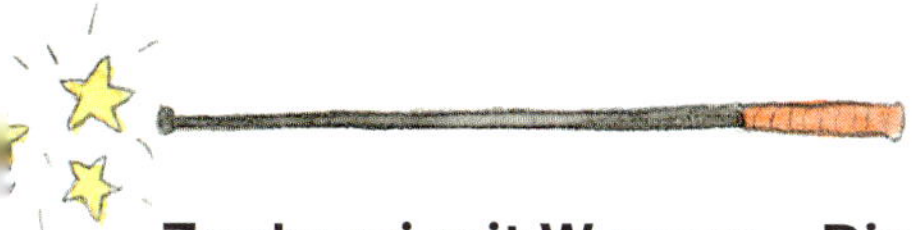

Zauberei mit Wasser – Die geheimnisvolle Münze

Du brauchst:
- ein weißes Blatt Papier als Unterlage
- ein Marmeladenglas, gefüllt mit Wasser
- einen kleinen Teller
- eine kleine Münze

So funktioniert es:
- Lege die Münze auf das Blatt Papier!
- Stelle das Glas mit Wasser auf die Münze! Das Glas muss außen ganz trocken sein.
- Stelle den Teller auf das Glas!
- Jetzt ist die Münze verschwunden.

Ein Schreibgespräch

Schreibt gemeinsam zu einem oder mehreren Stichworten eine Geschichte! Einer fängt an zu schreiben. Nach einem Satz ist dein Partner an der Reihe. Dieses Schreibgespräch kann so lange fortgesetzt werden, bis keinem mehr etwas einfällt.

Bei einem Schreibgespräch wird nicht gesprochen!

Bewegungsspiele

Teddybär, Teddybär
hüpf im Haus!

Teddybär, Teddybär
hüpf hinaus!

Teddybär, Teddybär
hüpf herein!

Teddybär, Teddybär
auf einem Bein!

Vier Wichtel
sie schleichen
leise und still
über die Wiese
zum silbernen Bach.

Da poltern
zehn Riesen
mit Pauken
und Trommeln
über die Brücke
und machen **Krach.**

① Das sind Bewegungsspiele.
Lies sie und versuche dazu zu hüpfen, zu schleichen oder zu trampeln!

② Sprich die Verse deutlich! Begleitet sie mit passenden Instrumenten!

Mi – ma – mei: Auszählverse

Mi ma mei
bulle balle bei
bulle balle rikaka
bulle balle mimama
bulle balle bei
du bist frei!

Renate Ferrari

Itzli - pitzli - Rabenfuß,
rate mal, wer suchen muss!
Itzli - pitzli - buh,
nämlich du!

Bartnitzky/Bunk

Ix, ax, ux
du bist der grüne Fuchs,
du bist die blaue Maus,
und du bist raus!

Renate Ferrari

Anne,
Pfanne,
Badewanne.
Erdbeerkuchen –
du musst suchen!

Janosch

① Zähle mit den Versen aus! Du musst dabei deutlich sprechen.
Wann zeigst du immer auf das nächste Kind?

② Begleite die Verse mit Instrumenten!
Welches Instrument passt zu welcher Zeile?

Richtig schreiben

A B C D E F G H I J K L M N O P Q R S T U V W X Y Z

Vogel | Zahn | Wasserfarben | Saft | Nagel | Obelix

Uhr | Tomate | Ring | Pinsel | Xylophon

Heft | Dose | Apfel | Ente | Füller | Geist | Igel | Lineal | Ypsilon

Buch | Computer | Jacke | Milch | Kirschen | Quark

Im Abc sind alle Buchstaben geordnet.

1. Ordne die Namen der Dinge nach ihrem Anfangsbuchstaben! Beginne mit Ⓐ!
   - Suche das passende Bild!
   - Sprich das Wort deutlich!
   - Schreibe so: *A - Apfel, ...*
   - Kontrolliere mit den Wörtern im Rand K K!

2. Ordne nach dem Abc:
   - die Namen der Kinder in deiner Klasse!
   - die Lieblingsspeisen der Kinder in deiner Klasse!

Richtig schreiben

Laute haben Namen:

A	B	C	D	E	F	G	H	I	J	K	L	M	N	O	P
a	be	ce	de	e	ef	ge	ha	i	jot	ka	el	em	en	o	pe

Qu	R	S	T	U	V	W	X	Y	Z
ku	er	es	te	u	vau	we	ix	ypsilon	zet

Die **Selbst**laute können **selbst** klingen.
Die **Mit**laute brauchen Laute, die **mit** ihnen klingen.

 V_g_l
 K_m_l
 _l_f_nt
 _h_

 Kr_k_d_l
 _g_l
 K_tz_

(1) Schreibe die Tiernamen mit den richtigen Selbstlauten auf!

Zauberstriche aus dem Wörterautomaten:

Aus den Selbstlauten ⓐ, ⓞ, ⓤ werden die Umlaute ä, ö, ü.

(2) Übe auch mit der Zaubermaschine: Wort, Vogel, Saft, Satz, Hand!
Schreibe so: *ein Hut – viele Hüte, ...*

Richtig schreiben

Tipp von Flipp

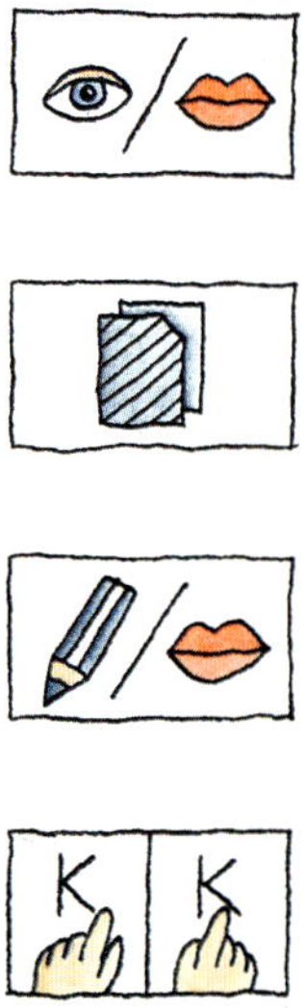

1. Sprich das Wort langsam und deutlich!
2. Decke es ab!
3. Schreibe für jeden Laut den passenden Buchstaben! Sprich dazu!
4. Kontrolliere!

Übungsfutter:

① Schreibe die Nomen mit dem Tipp von Flipp ab!

② Suche nach Mitsprechwörtern in der Wörterliste!

Alles ⓐ ?	Alles ⓔ ?	Alles ⓘ ?	Alles ⓞ ?	Alles ⓤ ?
Ameise	Fenster	Igel	Hose	Blume
Ast	Ente	Licht	Post	Turm
Gras	Heft	Juli	Obst	Busch

③ Sprich die Wörter übertrieben deutlich und schreibe sie mit dem Tipp von Flipp auf!

④ Sammle aus der Wörterliste noch mehr Wörter, in denen **a, e, i, o, u** so verschieden klingen!

Wortbaustelle – Wortbausteine

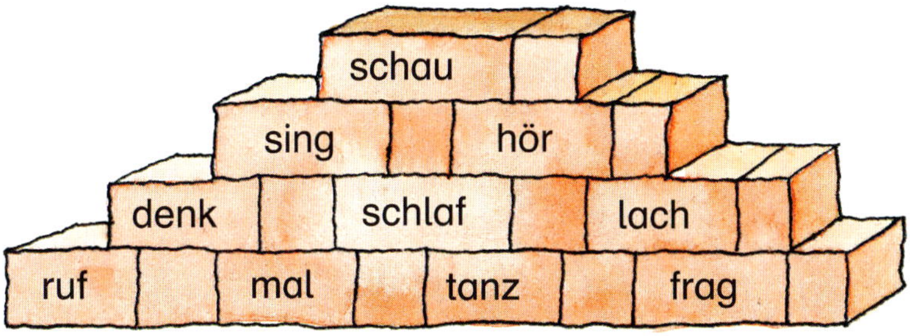

① An jeden Hauptbaustein passen verschiedene Endbausteine.
Probiere aus: Ich schaue, wir schauen, ... !

Wörter sind aus Bausteinen gebildet.

 = ich  = wir

 helf	 wünsch	 lieb	 wasch
 sag	 schreib	 üb	 zeig

② Schreibe die Verben mit den richtigen Endbausteinen auf!
Markiere die Endbausteine farbig!

❸ Schreibe deine Lieblingswörter in der  - und  -Form auf!

Richtig schreiben

Buchstabenzauber

Zwei Selbstlaute, die gemeinsam klingen, heißen Doppellaut.

Ons, zwO, drO,
alt ist nicht n_.
N_ ist nicht alt,
warm ist nicht kalt.
Kalt ist nicht hOß,
schwarz ist nicht wOß.

Rot ist nicht bl_,
wOß ist nicht gr_.
Groß ist nicht klOn –
alles richtig? FOn!

1 Wie heißen die Bildwörter?
Schreibe sie auf und markiere ei, au, eu farbig!

2 Forsche nach weiteren ei-, au-, eu-Wörtern in der Wörterliste!

Schreibe so:

ei	au	eu
eins	*Maus*	*neun*

3 Das Mäuse-äu – auch ein Doppellaut:

Richtig schreiben

Drachen- und Schlangenwörter

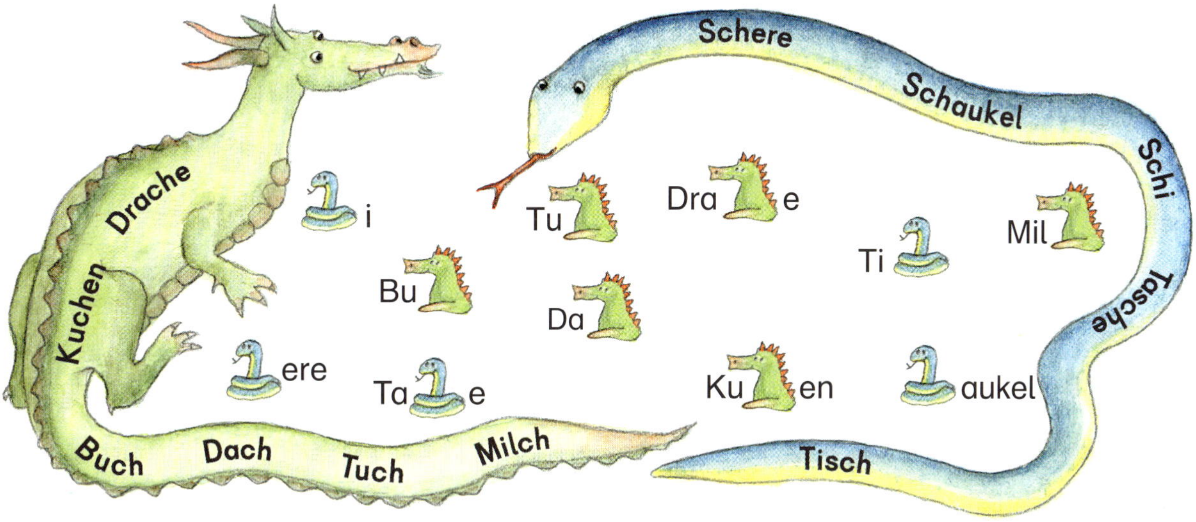

① Schreibe die Wörter in Buchstabenschrift auf! Ordne so:

-wörter	-wörter
das Dach	*die Schere*

② Markiere (**ch**) und (**sch**) farbig!

③ Zähle in den Drachen- und Schlangenwörtern die Laute, die du hörst, und die Buchstaben, die du schreibst!

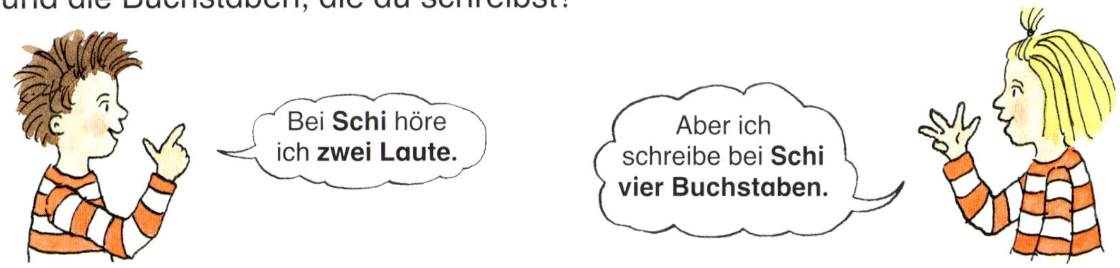

Für manche Laute musst du mehrere Buchstaben schreiben.

④ Suche Drachen- und Schlangenwörter in der Wörterliste!

Reimen mit Drachen- und Schlangenwörtern

Buch	**T**asche	**T**isch	**B**auch	**D**ach
T 	**Fl** **M** 	**F** 	**Schl** 	**F** 

⑤ Schreibe die Reimwörter auf! Markiere die Stellen im Wort, die gleich bleiben!
Schreibe so: *das B<u>uch</u> – das T<u>uch</u>*

Richtig schreiben

Zusammen ist es nie langweilig

Ich hole .
Du holst .
Wir malen.
Ihr malt mit.

Ich bringe .
Du bringst .
Wir essen.
Ihr esst mit.

Ich kaufe .
Du kaufst .
Wir schreiben.
Ihr schreibt mit.

Ich baue 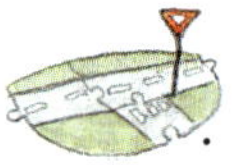.
Du baust .
Wir fahren.
Ihr fahrt mit.

1. Entdeckst du in den Verben die Hauptbausteine?
Schreibe so: *ich hole, du holst, wir malen, ihr malt*
ich ...

Verben in allen Formen

Grundform	bau	en	sag		helf		schlaf	
ich	bau	e	sag		helf		schlaf	
du	bau		sag		h lf		schl f	
er, sie, es	bau		sag		h lf		schl f	
wir	bau		sag		helf		schlaf	
ihr	bau		sag		helf		schlaf	
sie	bau		sag		helf		schlaf	

2. Trage die Verben in allen Formen mit den richtigen Endbausteinen vor!
Gib Acht bei **helfen** und **schlafen**!

3. Schreibe von zwei Verben alle Formen auf!
Du kannst dir auch aus der Wörterliste Verben aussuchen.

Es gibt auch Bausteine für den Wortanfang

rufen
an 

malen
an 

schlafen
ein 

kaufen
ver 

4. Schreibe die Verben mit ihren Anfangsbausteinen auf!

Richtig schreiben

Das [i] – mal kurz, mal lang

① Sprich die Wörter!

② Schreibe die Wörter, in denen das (i) lang klingt, auf!

Ein lang gesprochenes (i) wird meist (ie) geschrieben.

ie	dies	hier	viel	lieb	Brief	Biene
	diese	nie	sieben	lieben	Tier	Papier
	dieser	sie	vier	spielen	Wiese	fliegen
	die	wie	wieder	er liest	Zwiebel	liegen

Das sind wichtige (ie) -Wörter.

③ Lies und sprich sie deutlich!

④ Übe die Wörter im Partnerdiktat! Markiere (ie)!

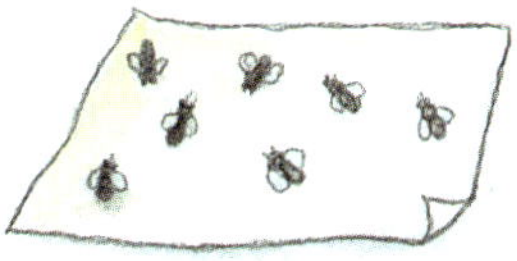

⑤ Bilde lustige Sätze zu den Bildern!

Richtig schreiben

Eine liebe Fliege

Peter liegt auf dem Sofa.
Er liest einen Brief.
Da fliegt etwas um seinen Kopf.
Es ist eine Fliege.
Will sie mit Peter spielen?

So übt Flipp einen Text:

1. Lies einen Satz genau durch!
2. Decke so viele Wörter zu, wie du dir merken kannst!
3. Stelle dir die Wörter vor! Was musst du dir besonders merken?
4. Schreibe die Wörter auf und sprich dazu!
5. Kontrolliere, ob jedes Wort und jeder Buchstabe stimmen!

(1) Übe den Text mit dem Tipp von Flipp! Denk daran:

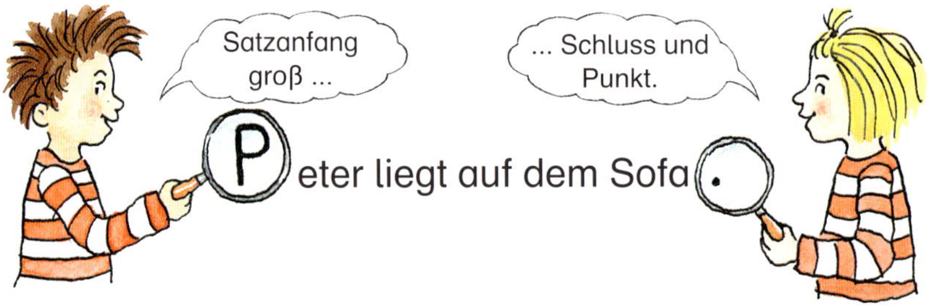

(2) Male zu jedem Satz den Flugbogen!
Male so: ⌒.

Tierrätsel

Auf der Wiese lebt ein Tier es ist keine Fliege es ist keine Biene
die Flügel sind rot sieben schwarze Punkte sind darauf

(3) Wo ist ein Satz im Rätsel zu Ende?
Lies den Text so vor, dass man die Punkte „hört“!

Richtig schreiben

Wörter haben Silben

Der kleine grüne Wassermann
hatte gelbe Hosen an,
hatte grüne Füße
und schickt dir nasse Grüße.

(1) Das ist ein Klatschvers.
Klatsche abwechselnd in deine Hände und in die deines Mitspielers!
Wer spricht den Vers?

Der klei - ne grü - ne Was - ser - mann ...
× × × × × × × ×

Übungsfutter

(2) Trenne die Wörter, wie du die Silben sprichst!
Statt zu klatschen, kannst du eine Trommel oder ein Tamburin nehmen. Schreibe so: *Schu - le, ...*

(3) Trenne auch Wörter aus der Wörterliste!

(4) Aus diesen Silben kannst du neue Tiernamen zusammensetzen: Raumel, Kagel, ...
Wie sehen die Tiere dann aus? Schreibe und zeichne!

Richtig schreiben

Fehler unter der Lupe

Fehler macht jeder.

Aber nicht immer die gleichen.

Tobias Malt im Heft. (m)	→	Suche zwei Beweise für das Verb **malt**!
Ute malt an der tafel. (T)	→	Suche zwei Beweise für das Nomen **Tafel**!
die Kinder turnen. (D)	→	Denke an die Regel: Am Satzanfang ...!
Lisa rechet im Heft. (n)	→	Sprich deutlich und schreibe!

Und wenn ich mir ein Wort nicht merken kann?

Mein Tipp: Lernwörter werden Sternwörter.

Das geht so!

① Suche Lernwörter!
Das sind Wörter, die du aus der Wörterliste lernen willst, oder Wörter, die du falsch geschrieben hast. Schreibe diese Wörter auf!

② Lass dir die Wörter auf einen Block diktieren!
→ Richtig geschrieben? Dann bekommt das Wort einen ✳.
→ Noch nicht sicher? Dann bekommt das Wort einen ○.

③ Lass dir jeden Tag die Wörter einmal diktieren!
Wenn dein Wort drei Sterne hintereinander hat, kannst du es sicher schreiben.

Herein! Herein!

Hier sind bunte Bilder.
Wer will süßen Quark?
Dort sitzen grüne Frösche.
Ob sie quaken können?
Sogar der lustige Kasper ist da.
Nur zu! Herein!

1 In diesem Text findest du Ausrufe.
Schreibe die Ausrufe mit den richtigen Satzzeichen auf!

2 Im Text stehen vier Adjektive.
Schreibe jedes Adjektiv auf und suche zwei Beweise dazu!

3 Suche die Wörter mit **Qu/qu**!

4 Übe den Text mit dem Tipp von Flipp auf Seite 110!

Pass auf! Du hörst **kw** und musst **Qu/qu** schreiben.

 adrat

 aken

 alm

 atschen

 ark

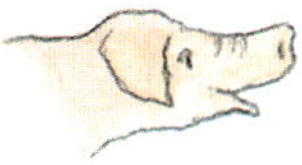 ieken

Qu/qu
Ich klinge **kw**.
Ich heiße **ku**.
Schreib mich doch
mit **Q** und **u**.
Dein **Qu/qu**

5 Schreibe die Wörter mit **Qu/qu** richtig ab! Markiere **Qu/qu**!
Drei Wörter sind Nomen, drei sind Verben.

Merkwörter mit V/v

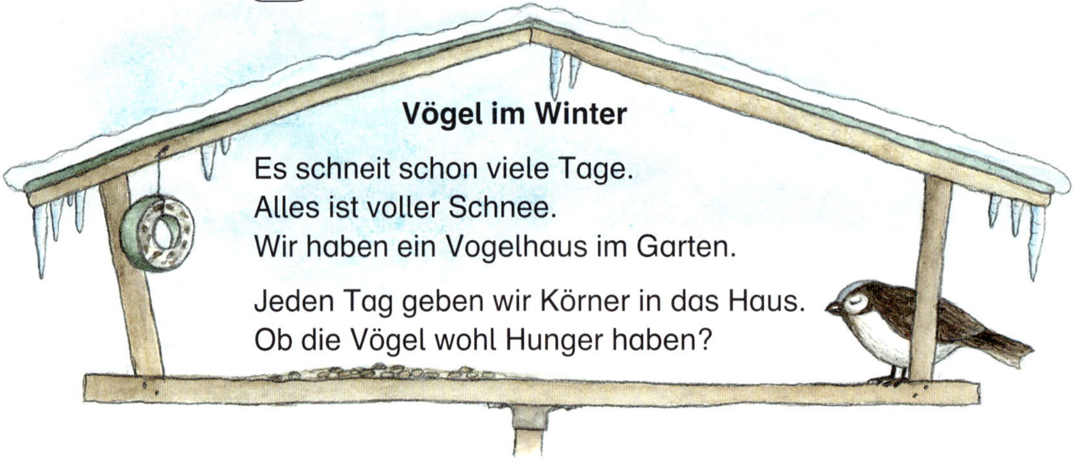

Vögel im Winter

Es schneit schon viele Tage.
Alles ist voller Schnee.
Wir haben ein Vogelhaus im Garten.

Jeden Tag geben wir Körner in das Haus.
Ob die Vögel wohl Hunger haben?

1. Schreibe die Wörter mit V/v ab! Markiere V/v farbig!
2. Schreibe jeden Tag einen Satz der Geschichte ab! Markiere die V/v-Wörter!
3. Lass dir die geübten Sätze von einem Partner diktieren!

Es gibt nur wenige V/v-Wörter. Du musst sie dir merken!

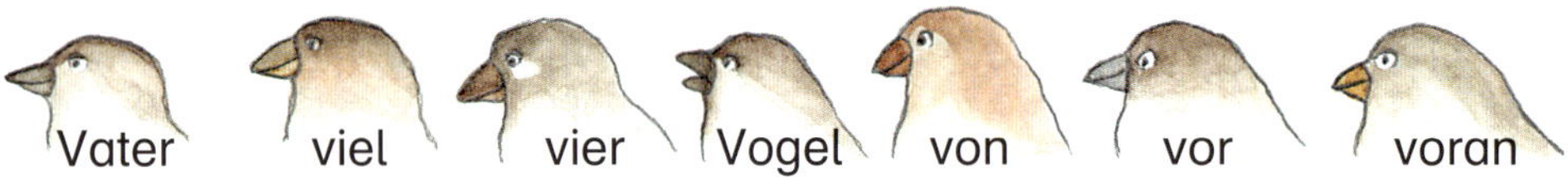

Vater viel vier Vogel von vor voran

So kannst du Merkwörter üben:

Die Wörter oft in verschiedenen Schriften und mit verschiedenen Farben schreiben

Ein Merkplakat gestalten

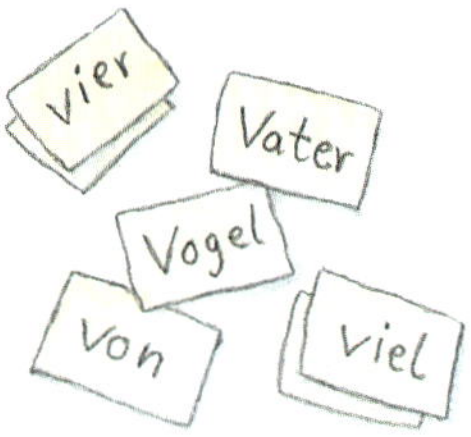

Auf Kärtchen schreiben und sortieren

4. Übe die Merkwörter mit V/v!
5. Suche auch in der Wörterliste V/v-Wörter!
   Achtung! Hier wird V/v wie w gesprochen!
   Lava Valentin Vase Vera Vesuv Video

Richtig schreiben

Wörter mit (St/st) und (Sp/sp)

Stein

Stift

Spiel

Spinne

(1) Sprich langsam und deutlich! Lies mit! Was fällt dir auf?

He, Flo, wo **st**eckt hier das (**sch**)?

Ich glaube, es hat sich ver**st**eckt.

> Wenn ich (**scht**) höre, schreibe ich (**St/st**).
> Wenn ich (**schp**) höre, schreibe ich (**Sp/sp**).

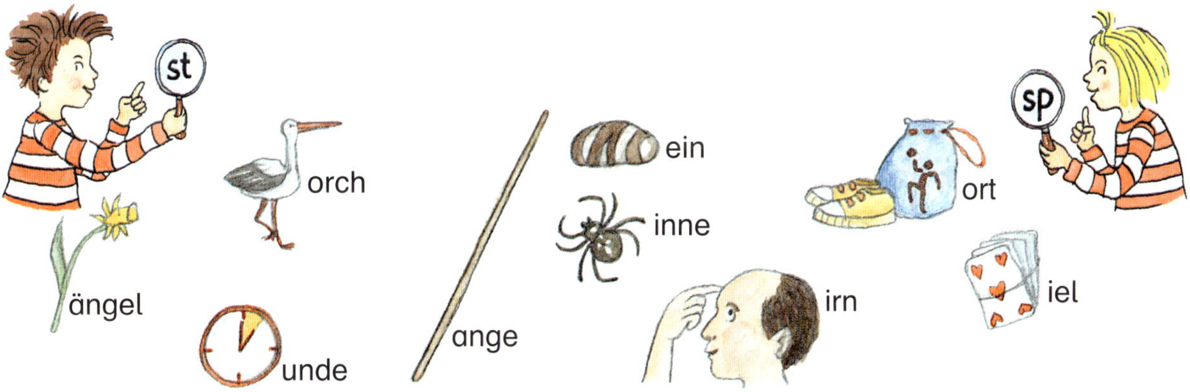

(2) Schreibe die Nomen auf! Markiere (**Sp/St**)!

Wir  ehen auf.

Wir  ellen uns an.

Wir  aren Geld.

Wir  ielen Ball.

(3) Schreibe die Sätze auf! Markiere (**sp/st**)!
Gib Acht, in den Sätzen stehen Verben!

Richtig schreiben

Wortbaustelle für Nomen

1 Diese Wörter haben am Wortende die Bausteine **el**, **en**, **er**. Ordne sie!
Schreibe und markiere die Endbausteine: *er* –> *Leiter*

Übungsfutter für den Tipp von Flo:

2 Sprich deutlich mit der Trommel!
Schreibe so: *el* –> *Flügel*
en –> ...
er –> ...

3 Forsche nach weiteren Wörtern mit **el**, **en**, **er** in der Wörterliste!

Richtig schreiben

Mein Stein

Im Garten liegt ein Stein.
Es ist mein Stein.
Regen fällt auf den Stein.
Die Sonne wärmt den Stein.
Ein Käfer lebt unter dem Stein.
Oft fliegt ein Vogel her.
Alles das sagt mir mein Stein.
Ich höre gerne zu.

① Sprich jeden Satz deutlich! Achte auf die Endbausteine **el**, **en**, **er**!

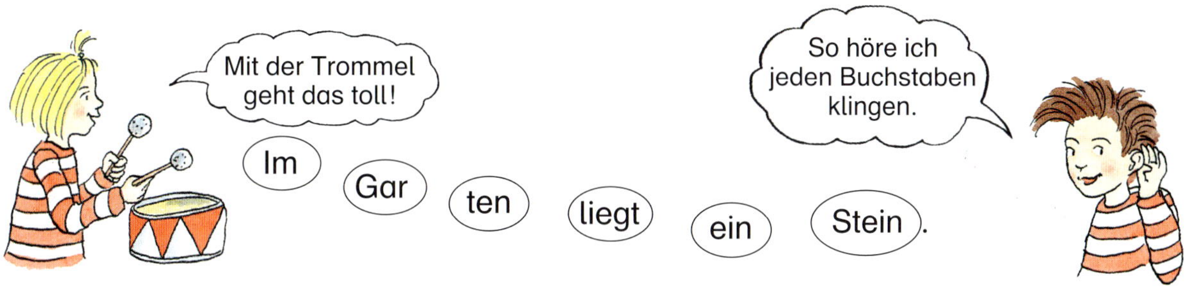

② Sprich **Garten** **wärmt**. Das **r** ist fast nicht zu hören.
Manche Laute hört man nur, wenn man die Wörter übertrieben deutlich spricht.
Übe mit **Birne**, **Wurzel**, **Körper**!

③ Sprich auch diese Wörter übertrieben deutlich:
Ohr, **Pferd**, **Wort**, **Uhr**, **warm**, **Herbst**! Hörst du das **r**?

④ In der Geschichte sind viele Verben.
Schreibe sie in der Ich- und Wir-Form auf! Schreibe so: *liegt: ich liege, wir liegen, ...*

Er wäscht.

Sie trägt.

Es schläft.

Sie fängt.

Er läuft.

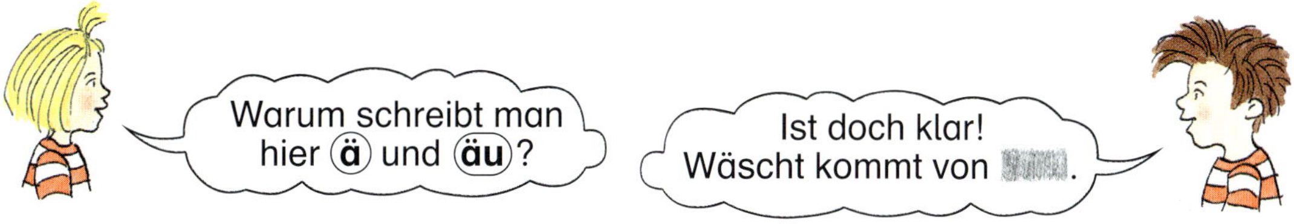

⑤ Schreibe so: *Er wäscht. —> waschen*
Sie trägt. —> ...

Richtig schreiben

Das PeKaTe

Das **PeKaTe**, das **PeKaTe**,
das ist ein tückisch Tier:
Es pickt und kratzt,
es hackt und tatzt,
es schnappt nach dir und mir.
Es pickt das (**P/p**) fort,
es kratzt das (**K/k**) fort,
es tatzt das (**T/t**) davon
und du stehst da
und bist ganz traurig.
Heißt im statt Tim
und om statt Tom.

So erkennst du **PeKaTe**-Wörter:
Halte ein Blatt Papier vor deinen Mund und sprich deutlich!

1. Schreibe die Namen der Kinder aus deiner Klasse auf, die sich vor dem **PeKaTe** in Acht nehmen müssen!

In **PeKaTe**-Wörtern klingen die harten Mitlaute (**p**), (**k**), (**t**).

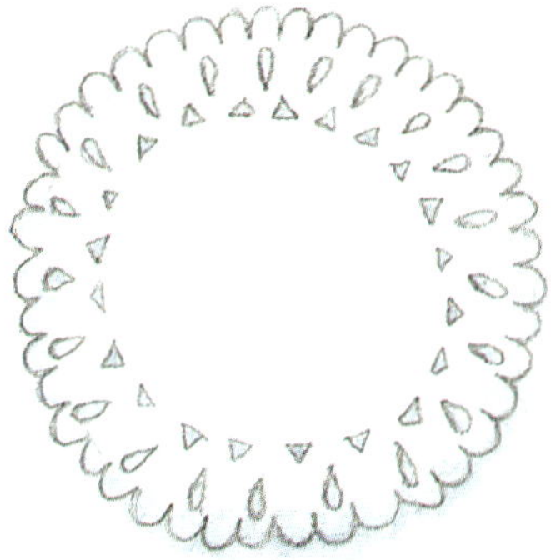

2. Sprich die Wörter deutlich!
3. Schreibe sie auf! Markiere (**P/p**), (**K/k**) und (**T/t**)!
4. Suche Futter für das **PeKaTe** in der Wörterliste! Gestalte eine Speisekarte!

Das BeGeDe

Das **B**e**G**e**D**e,
so weich und gut,
bewegt sich langsam fort,
schläft gern,
ist brav und ausgeruht
und gähnt bei manchem Wort.
Es gähnt bei **G/g**.
und gähnt bei **D/d**
und geht bei **B/b** ins Bett.
Und heißt du Gerdi oder Ben,
so findet es dich nett.

So erkennst du **B**e**G**e**D**e-Wörter:
Halte ein Blatt Papier vor deinen Mund und sprich deutlich!

Tipp von Flipp!

1. Welche Kinder aus deiner Klasse mag das **B**e**G**e**D**e?
   Schreibe die Namen auf!

> In **B**e**G**e**D**e-Wörtern klingen die weichen Mitlaute **b**, **g**, **d**.

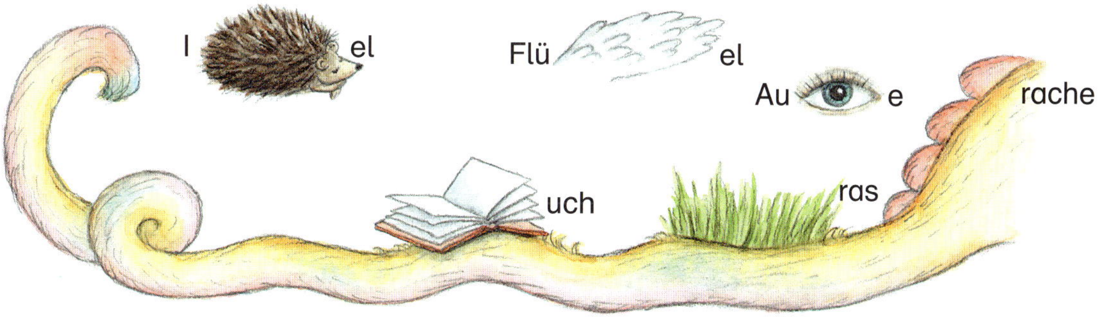

2. Sprich die Wörter deutlich!

3. Schreibe die Wörter ab! Markiere **B/b**, **G/g** und **D/d** farbig!

4. Finde Wörter, die das **B**e**G**e**D**e mag! Verwende die Wörterliste!

Richtig schreiben

Hart oder weich?

(D/d) oder (T/t)?

(1) Sprich die Wörter deutlich! Überprüfe sie mit dem Tipp von Flipp (Seite 118/119)!

(2) Schreibe die Wörter so: (D/d): *das Dach, ...*
(T/t): *das Telefon, ...*

(G/g) oder (K/k)?

(3) Sprich die Wörter deutlich! Überprüfe sie mit dem Tipp von Flipp (Seite 118/119)!

(4) Schreibe die Wörter so: (G/g): *das Gras, ...*
(K/k): *der Käfer, ...*

(B/b) oder (P/p)?

(5) Sprich die Wörter deutlich! Überprüfe sie mit dem Tipp von Flipp (Seite 118/119)!

(6) Schreibe die Wörter so: (B/b): *der Baum, ...*
(P/p): *die Puppe, ...*

Richtig schreiben

Deutlich sprechen reicht nicht immer!

Im Garten

Tina le_t sich ins Gras.
Sonja gi_t den Blumen Wasser.
Peter grä_t die Erde um.
Ein Schmetterling flie_t durch die Luft.
Sogar ein Igel le_t in unserem Garten.

> Beim Verb sagt dir die Grundform, wie du richtig schreiben musst.

1. Übe mit allen Verben aus dem Text!
   Schreibe so: *legt → legen*
   gibt → geben

sagen	schreiben	geben	fliegen	legen
w___	tr___	schw___	s___	pfl___
schl___	bl___	l___	l___	

2. Schreibe so: *sagen: er sagt* *schreiben: sie schreibt*
   wagen: er ... *...*

3. Schreibe den Text ab! Denke dabei an den Grundform-Tipp!

Richtig schreiben

Welcher Selbstlaut gibt den Wörtern den Klang?

Jeder der Geister hat Lieblingswörter, in denen ein Selbstlaut betont ist:

Blume	Biber	Nagel	Februar	Monat	Nebel	Zug	Regen
baden	Vater	Krone	Lupe	Dino	Tiger	Gabel	Boden

1. Sprich die Wörter deutlich! Welcher Selbstlaut ist betont?
2. Schreibe so: *a: Nagel, …*

Selbstlaute können kurz oder lang klingen

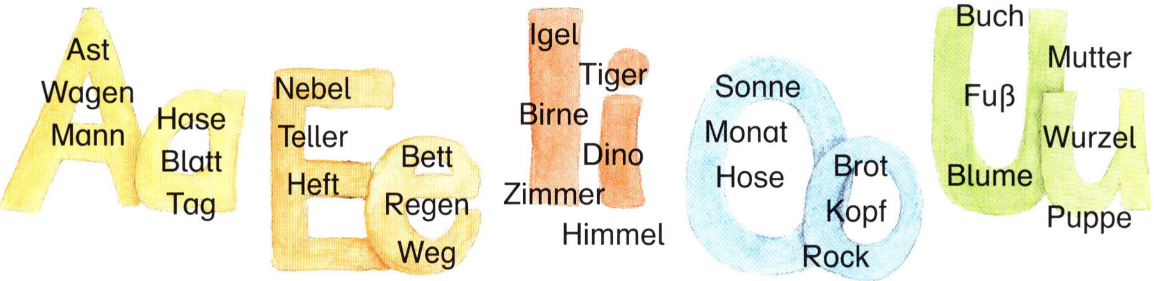

3. Sprich die Wörter deutlich! In jedem Wort ist ein Selbstlaut betont.
   Dieser Selbstlaut kann lang oder kurz klingen.
   Die Geister mögen Wörter mit langen Selbstlauten. Wie heißen sie?

4. Sortiere die Wörter! Verwende die Hilfsmittel von Flo und Flipp!
   Schreibe so: –*Wagen, …*
   •*Ast, …*

Richtig schreiben

(ng) klingt wie ein Laut

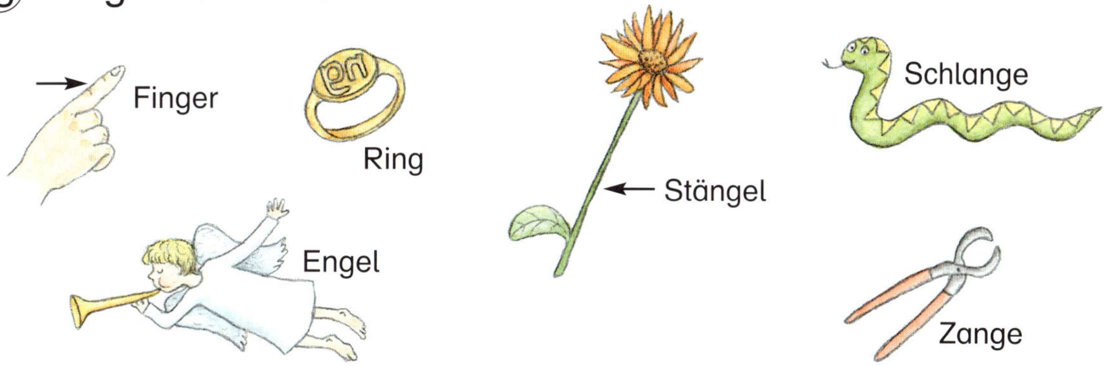

1 Schreibe die Wörter ab! Markiere **ng** farbig!

2 Ergänze die passenden Reimwörter!

Was nicht weit ist, das ist ____.

Wer nicht alt ist, der ist ____.

Was nicht kurz ist, das ist ____.

Nach dem Winter kommt der ____.

Wer nicht satt ist, der hat ____.

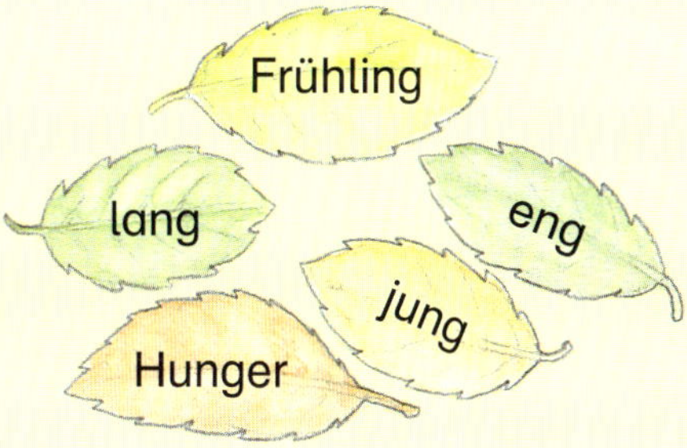

3 Rate! Schreibe die Sätze auf! Markiere **ng**!

4 Erfinde lustige Reime mit den **ng**-Wörtern!

5 Schreibe Wörter mit **ng** aus der Wörterliste auf!

Richtig schreiben

Deutlich sprechen reicht hier nicht!

Am Ende des Worts hörst du (t), du schreibst aber (d).

Verlängere das Wort! Setze dazu die Nomen in die Mehrzahl, dann kannst du das (d) hören !

d ? t ? die Mon**d**e —> der Mon**d**

d ? t ? die Hun**d**e —> der Hun**d**

① Setze die Wörter in die Mehrzahl! Hörst du das (d)?

Auch hier hilft Verlängern: **gesund** **fremd** **gelb** **rund** **lieb**

② Verlängere und schreibe so:

Das gesun_e Frühstück. Das Frühstück ist gesund.
Ein frem_es Gesicht. Das Gesicht ist fremd.
Eine gel_e Sonne ...
Ein run_er Ball ...
Ein lie_es Wort ...

Aus zwei Nomen wird ein neues Wort

Das Baumhaus, mein Traumhaus

Hinten im Obstgarten haben Lea und Leo ein Baumhaus.
Dort spielen sie auch bei Regenwetter.
Oft lesen sie Tiergeschichten oder schauen Bilderbücher an.
In den Sommerferien dürfen sie in ihrem Baumhaus schlafen.

1. Suche im Text zusammengesetzte Nomen!
   Schreibe so: *das Baumhaus = der Baum + das Haus, ...*

2. Übe den Text mit dem Tipp von Flipp auf Seite 110!

Zusammensetz-Aufgaben

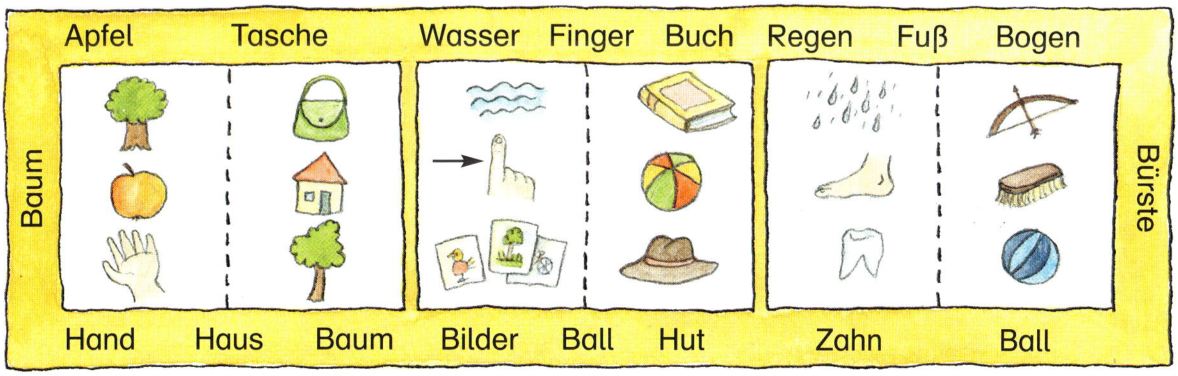

3. Setze zusammen!
   Schreibe so: *Baum + Haus = Baumhaus, ...*

Wörter mit besonderen Verbindungen

4. Setze zusammen! Achte auf das (n): *Sonne + Blume = Sonnenblume, ...*

Es gibt nur wenige Wörter mit *ih*

① Schreibe die Sätze ab! Markiere *ih* farbig!

ihnen ihn ihr ihm

ihre

ihren

Vorsicht, Falle!

Karl ist ___ Haus. Ich gebe ___ ein Zeichen.	im oder ihm
Gerd ist ___ Hamburg. Ich schreibe einen Brief an ___.	in oder ihn

② Setze die richtigen Wörter ein! Sprich, höre und lies ganz genau!

Ein Buchstabe, den man nicht hört

> Nach einem langen Selbstlaut oder Umlaut steht oft ein (h).

Diese Wörter musst du dir merken. Übe sie mit der Wörterliste:

(1) Schreibe das Wort auf! Markiere den langen Selbstlaut/Umlaut mit (h) farbig!	(2) Schreibe ab und kontrolliere!	(3) Lass dir diktieren!	(4) Richtig: Sternwörter Falsch: Lernwörter

Nachschlagen im Wörterbuch

Im Wörterbuch sind die Wörter nach dem Abc geordnet
Damit du dich im Wörterbuch schnell zurechtfindest, musst du das Abc sicher beherrschen.

Aufgaben zum Alphabet

- Welcher Buchstabe steht vor **C, F, J, R, T, V**?
- Welcher Buchstabe steht nach **E, I, K, P, S, W, Y**?
- Zwischen welchen Buchstaben stehen **B, E, H, S, O, L, W**?
- Welches Wort steht in der Wörterliste zuerst:
  Kalender oder Flügel? Haus oder Rücken? Junge oder Igel?
  Achte auf den ersten Buchstaben!

(1) Übe mit deinem Partner oder mit deiner Partnerin!
Suche noch weitere Beispiele!
Arbeite mit der Wörterliste oder mit dem Wörterbuch!

Ein lustiges Abc-Spiel

Magdalena sagt im Gedanken das Abc auf. Antonia ruft: „Halt!“
Magdalena ist beim (K) angekommen. Sie nennt den Buchstaben laut.
Jeder sucht für die verschiedenen Spalten Wörter mit (K) und schreibt sie auf.
Wer alle Wörter gefunden hat, darf „stopp“ rufen. Jetzt werden die Wörter vorgelesen.

Vorname	Tier	Pflanze	Ding
Katharina	Katze	Kastanie	Klavier

(2) Spielt in der Klasse, in der Gruppe oder zu zweit!

Richtig schreiben

Der zweite Buchstabe ist wichtig

Wenn die ersten Buchstaben gleich sind,
ordnest du nach dem zweiten Buchstaben!

Z_e_it
Z_i_mmer
Z_u_cker

(1) Ordne die Wörter nach dem zweiten Buchstaben! Schreibe sie in dein Heft!

Viele Wörter ordnen – so geht es leicht!

Affe	Aal	Ananas	Ampel
Abend	Auto	Arm	Adler
Album	Aquarium	Achim	Atlas

(2) Schreibe jedes Wort auf einen Zettel!
Ordne die Wörter nach dem zweiten Buchstaben!
Schreibe sie geordnet in dein Heft!

Wörterliste

A

ab
der Abend, die Abende
aber
acht
alle, alles
allein
als
also
alt, älter
am
die Ampel
an
die Angst
antworten
der Apfel, die Äpfel
der April
arbeiten
ärgern
der Arm
der Ast, die Äste
auch
auf
die Aufgabe
das Auge
der August
aus
das Auto

B

das Baby
baden
der Ball, die Bälle
die Bank, die Bänke
der Bauch, die Bäuche
bauen
der Baum, die Bäume
bei
das Bein
das Bett
bewegen, er bewegt
bezahlen
die Biene
das Bild, die Bilder
ich bin
die Birne
bis
du bist
bitten
das Blatt, die Blätter
blau
bleiben, sie bleibt
blühen, es blüht
die Blume
die Blüte
der Boden
böse
braun
der Brief
bringen, er bringt
das Brot, das Brötchen
der Bruder, die Brüder
das Buch, die Bücher
bunt
der Busch, die Büsche

C

der Cent
der Computer

D

da
danken
dann
das
dass
dein, deine, deiner
dem
den
denken
denn
der
des
der Dezember
dich
die
der Dienstag
dies, diese, dieser
dir
doch

der Donnerstag
drei
du
dunkel
durch

E

das Ei, die Eier
ein, eine, einer
eins
elf
die Eltern
das Ende
eng
die Ente
er
die Erde
erzählen, er erzählt
es
essen, sie isst
euch
euer, eure
die Eule
der Euro

F

fahren, er fährt
das Fahrrad, die Fahrräder
fallen, sie fällt
die Familie
fangen, er fängt
der Februar
fein
das Feld, die Felder
das Fenster
finden
der Finger
fliegen, sie fliegt
der Flügel
das Flugzeug
flüssig
fragen, er fragt
die Frau
der Freitag
fremd, der Fremde
freuen, die Freude
der Freund, die Freunde
die Freundin, die Freundinnen
frisch
fröhlich
die Frucht, die Früchte
der Frühling
füllen, der Füller
fünf
für
der Fuß, die Füße
der Fußball

G

ganz, ganze, ganzer
der Garten, die Gärten
geben, sie gibt
der Geburtstag
gehen, er geht
gelb, gelbe
das Geld, die Gelder
das Gemüse
das Gesicht
gestern
gesund, gesunde
das Gras, die Gräser
groß, größer
grün
gut

H

das Haar, die Haare
haben, sie hat
der Hals, die Hälse
halten, es hält
die Hand, die Hände
hart, härter
der Hase
das Haus, die Häuser
die Haut, die Häute
die Hecke
heiß
heißen
helfen, er hilft, die Hilfe
hell
das Hemd, die Hemden
her
der Herbst
der Herr
heute
die Hexe
hier
der Himmel

hin
hinter
hören
die Hose
der Hund, die Hunde
hundert

I

ich
die Idee
der Igel
ihm
ihn, ihnen

ihr, ihre
im
immer
in
ins
er, sie, es ist

J

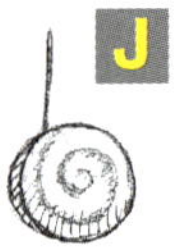

ja
das Jahr
der Januar
jede, jeder, jedes
der Juli
der Junge
der Juni

K

der Käfer
der Kalender
kalt, die Kälte
die Katze
kaufen
kein, keine, keiner
das Kind, die Kinder
die Klasse
das Kleid, die Kleider
klein
kommen
können, er kann
der Kopf, die Köpfe
der Körper
krank
das Kraut, die Kräuter
die Kuh, die Kühe
kurz, kürzer

L

lassen, er lässt

laufen, sie läuft
laut
leben, er lebt
legen, sie legt
leicht
leise
lernen
lesen, er liest
die Leute
das Lexikon
das Licht
lieb, lieben
liegen, sie liegt
lustig

M

machen
das Mädchen
der Mai
malen
man
der Mann, die Männer
der März
die Maus, die Mäuse
mein, meine, meiner
mich
die Minute
mir
mit
der Mittwoch
mögen, sie mag
der Monat
der Montag
morgen
der Mund, die Münder
müssen, er muss
die Mutter, die Mütter

N

nach
die Nacht, die Nächte
der Name
die Nase
der Nebel
nehmen, sie nimmt
nein
neu
neun
nicht, nichts

nie
der November
nun
nur

O

ob
das Obst
oder
oft
das Ohr
der Oktober
der Onkel
das Ostern

P

das Papier
das Pferd, die Pferde
pflanzen, die Pflanze
pflegen, er pflegt
die Pizza
der Platz, die Plätze
die Pommes
die Post
die Puppe

Q

das Quadrat
quaken
die Qualle
der Quark

R

die Raupe
rechnen
reden
der Regen
reich
reisen
rennen, sie rennt
der Rock, die Röcke
rollen, der Roller
rot
der Rücken
rufen

S

der Saft, die Säfte
sagen, er sagt
das Salz
der Samstag
der Sand, sandig

der Satz, die Sätze
schauen
scheinen
die Schere
schlafen, sie schläft
schlagen, er schlägt
der Schmetterling
der Schnee
schneiden
schnell
schon
schön
schreiben, sie schreibt
schreien
der Schuh, die Schuhe
die Schule
schwarz
die Schwester
sechs
sehen, er sieht
sehr
ihr seid
die Seife
sein, seine, seiner
seit
die Sekunde
der September
sich
sie
sieben
wir, sie sind
singen, sie singt
sitzen, er sitzt
so
der Sohn, die Söhne
sollen
der Sommer
die Sonne
der Sonntag
die Spagetti
sparen
spielen
der Sport
sprechen, er spricht
der Stängel, die Stange
stehen, sie steht
stellen

der Stift
still
die Stirn
die Straße
der Strauch, die Sträucher
die Stunde
suchen

T

der Tag, die Tage
die Tante
die Tasche
der Teddy
der Tee
das Telefon
die Temperatur
das Thermometer
das Tier
der Tisch
die Tochter, die Töchter
tragen, er trägt
trinken
turnen

U

üben, sie übt
über
die Uhr
um
und
uns, unsere, unser
unten
unter

V

der Vater, die Väter
der Verkehr
verstehen, er versteht
versuchen
viel
vier
der Vogel, die Vögel
vom
von
vor

W

wann
warm, die Wärme
warten
warum
was
waschen, er wäscht
das Wasser
der Weg, die Wege
das Weihnachten
weil
weiß
weit
welche, welcher
wem, wen
wenig
wenn
wer
werden, sie wird
das Wetter
wie
wieder
die Wiese
der Wind, die Winde
der Winter
wir
wo
die Woche
wohnen
wollen, er will
das Wort, die Wörter
wünschen
die Wurzel
wütend

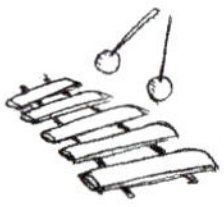

X

das Xylophon

Y

Z

die Zahl, zählen
der Zahn, die Zähne
zehn
zeigen, sie zeigt
die Zeit
das Zimmer
zu
zu Hause
der Zucker
zum, zur
zusammen
zwei
die Zwiebel
zwölf

Quellennachweis

Texte:

S. 9: Meiers, Kurt: Alle haben einen Namen. In: Rütimann, Hans Heinrich: Sprachentdecker. Eine Grammatikwerkstatt. Bern (= Zytglogge Verlag). 1993, S. 53

S. 56/57: Schweiggert, Alfons: Frühling – Sommer – Herbst – Winter. In: Schweiggert, Alfons: Seht, wie die Zeit vergeht! Weinheim/Basel (= Verlag Beltz & Gelberg). 1976, S. 48

S. 86: Janosch: Schnuddelbuddel baut ein Haus. München (= Deutscher Taschenbuchverlag).1980, S. 5-30

S. 93: Manz, Hans: Die Welt der Wörter. Sprachbuch für Kinder und Neugierige. Weinheim und Basel 1991, S. 200

S. 101: Ferrari, Renate: Mi ma mei. In: Ferrari, Renate: Wörter haben bunte Flügel. Freiburg i. Breisgau (= Christophorus Verlag). 1998, S. 23

S. 101: Ferrari, Renate: ix, ax, ux. In: a.a.O., S. 49

S. 101: Bartnitzky, Horst/Bunk, Hans-Dieter: Itzli – pitzli – Rabenfuß. In: Bartnitzky, Horst/Bunk, Hans-Dieter: Kunterbunt. Unser Lesebuch für Klasse 2. Leipzig (= Ernst Klett Grundschulverlag). 1997, S. 5 u.

S. 101: Janosch: Anne, Pfanne, Badewanne. In: Gelberg, Hans-Jürgen (Hrsg.): Die Stadt der Kinder. Recklinghausen (= Georg Bitter Verlag). 1963, S. 21

Musik:

S. 41: Hoffmann, Klaus W. (Text, Melodie): Das Lied von den Gefühlen (Wenn ich glücklich bin). In: Frickenhaus, Wolfgang (Hrsg.): Kunterbunte Kinderlieder. Neue Lieder für Kinder von 3 bis 8 Jahren. München (= Schneider Verlag). 1989, S. 22

Illustrationen:

S. 86: Janosch: Das große Schnuddel-Buch. München (= Deutscher Taschenbuchverlag). 1980, S. 84/85

Verknüpfung der Aufgabenschwerpunkte im Sprachbuch

Kapitel	Mündliches Sprachhandeln	Schriftliches Sprachhandeln
Wir fangen an (S. 4–19)	• zu Bildern erzählen **(4/5)**	• einfache Sätze notieren **(13–15/19)**
Das zweite Schuljahr beginnt (S. 20–29)	• alltägliche und persönliche Erlebnisse erzählen **(20/21)** • Gesprächsbereitschaft entwickeln **(20/21)** • sich begrüßen und verabschieden, sich beglückwünschen **(20/21)** • zu Bildern, Stichwörtern und Sätzen erzählen **(20/21)** • einfache Gesprächsregeln aufstellen **(24)**	• Texte und Bilder einander zuordnen **(22)** • zu Bildern einfache Sätze aufschreiben **(22/23)** • Sätze erweitern **(28)** • ein Pausen-Abc gestalten **(29)**
Herbstzeit – Erntezeit (S. 30–37)	• einfache Anweisungen richtig verstehen und wiedergeben **(31)** • Raum-Lage-Begriffe sicher verwenden **(32)** • einfache Sachverhalte (Beobachtungen in der Natur) beschreiben **(32/33)** • Rätsel formulieren **(30/36)** • aus wechselnden Perspektiven erzählen **(33)** • Verben szenisch und grafisch darstellen **(34)**	• einfache Beschreibungsrätsel mit Hilfe von Leitfragen verfassen **(36)** • ein Kochrezept aufschreiben **(31)** • Schreibanlässe selbst finden **(33/37)** • zu einer Geschichte einen Schluss erfinden **(33)** • Texte in Klassenbüchern zusammenstellen (Herbstbuch) **(37)**
Ich – du – wir (S. 38–45)	• von sich erzählen **(38)** • zu Fotos erzählen **(39)** • Gefühle szenisch erzählen und stimmlich zum Ausdruck bringen **(42)** • die angefangene Geschichte zu Ende erzählen und szenisch darstellen **(41)**	• einen Steckbrief verfassen **(38)** • eine angefangene Geschichte mit Hilfe von Schreibimpulsen zu Ende schreiben **(44)** • soziale Schreibanlässe nutzen **(39)** • Fantasiegeschichten erfinden **(41/44)**
Kinderzeit und Kinderwünsche (S. 46–53)	• alltägliche Erlebnisse erzählen (Tagesablauf) **(46)** • Informationen durch Erfragen einholen **(46)** • Sachverhalte (Freizeitgestaltung) erfassen, beschreiben und vergleichen **(47)**	• auf die richtige Reihenfolge achten **(46)** • mit Strukturierungshilfen arbeiten **(46)** • Texte durch Schriftbild und Illustration gestalten (Werbeplakat) **(49)** • sich für ein Thema entscheiden **(49)** • Veränderungen an Texten erproben **(52)** • Texte mit dem Computer gestalten **(53)**

Rechtschreiben (S. 100–129)	Sprache reflektieren
• durch Abzähl- und Sprechverse sensibel werden für Laute und Rhythmen (100/101)	• sich mit akustischen und grafischen Symbolen verständigen **(4–6)** • Nomen, Verben und Adjektive kennen lernen **(8–15)** • Artikel des Nomens **(11)** • zusammengesetzte Nomen **(16/17)** • Satz als Sinneinheit erfahren **(18/19)**
• Nomen nach dem Alphabet ordnen **(102)** • Wörter nach ihrer Lautfolge abhören, Pilotgespräche üben **(103/104)** • lauttreue Wörter schreiben (Mitsprechwörter) **(103)** • Selbstlaute, Mitlaute und Umlaute kennen lernen **(103)** • Abschreibstrategie bei lauttreuen Nomen anwenden **(104)** • Lautqualitäten erkennen und unterscheiden **(104)**	• Sätze auf ihren Sinn hin überprüfen (Verstehensprobe) **(25)** • Nomen: verschiedene Kriterien zur Klassifikation kennen lernen und erproben (Beweise für Nomen) **(27)** • Einzahl- und Mehrzahlbildung **(27)**
• Wortbausteine des Verbs zum Richtigschreiben nutzen **(105)** • einfache Ableitungen (**au – äu**) üben **(106)** • Buchstabenverbindungen (Doppellaute, **sch, ch**) zu einem Laut zuordnen **(107)**	• Verb: verschiedene Kriterien zur Klassifikation kennen lernen und erproben (Beweise für Verben) **(35)** • Wortbausteine des Verbs kennen lernen **(35)**
• Wortbausteine des Verbs zum Richtigschreiben nutzen **(108)** • Schreibweise: lang gesprochenes „**i**" als „**ie**" **(109)** • Abschreibstrategie (Satz) üben **(110)**	• Verb in Grund- und Personalform (alle Formen) **(43)** • Wortbausteine des Verbs (alle Personalformen) kennen lernen bzw. vertiefen **(43)**
• Wörter nach Sprechsilben trennen **(111)** • Strategien zur Fehlerberichtigung und Übung von Fehlerwörtern kennen lernen **(112)** • phonologische Besonderheit „**Qu/qu**" üben **(113)**	• Ausrufe, Ausrufezeichen **(50–52)** • Adjektive, Funktion erfahren, verschiedene Kriterien zur Klassifikation kennen lernen und erproben (Beweise für Adjektive) **(50–52)**

Kapitel	Mündliches Sprachhandeln	Schriftliches Sprachhandeln
Die vier Jahreszeiten (S. 54–61)	• die eigene Meinung äußern und begründen **(56)** • über einfache Beobachtungen sprechen **(54/56)**	• miteinander eine Geschichte in einfachen Sätzen aufschreiben **(54)** • aus verschiedenen Schreibanlässen für freie Schreibzeiten auswählen **(54)** • einen Vers nach einem Textbild gestalten **(56/57)** • Texte vergleichen und überarbeiten (v.a. Satzanfänge) **(60)** • eine Geschichte zu Ende führen **(60)** • Texte durch Schrift, Illustration und unterschiedliche Medien gestalten **(55/57)**
Mit allen Sinnen die Welt erfassen (S. 62–69)	• über einfache Beobachtungen aus der Natur sprechen **(62–64)** • Sinneseindrücke und Lebewesen beschreiben **(62–64)** • Rätsel erfinden **(64)** • gemeinsame Vorhaben (Klassenfrühstück) planen **(66)** • die eigene Meinung äußern und begründen **(65/68)**	• Bildtexte verfassen **(63)** • zu Sinneseindrücken schreiben **(62/64)** • einen Merkzettel/Stichwortzettel verfassen **(66/68)**
Haustiere (S. 70–77)	• Befragungen vorbereiten und durchführen **(71)** • Arbeitsergebnisse präsentieren **(72)** • nach Stichworten lebendig erzählen **(73)** • Meinung äußern und begründen **(76)**	• Sachtext/Geschichte (zu einem Haustier) verfassen **(74)** • Sachtexte verfassen und übersichtlich darstellen **(72)** • ein Lernplakat gestalten **(72)** • eine Geschichte mit Hilfe von Stichworten in einfachen Sätzen aufschreiben **(73)** • Texte genau anhören, vergleichen und nach Änderungsvorschlägen überarbeiten **(73/76)** • einfache Korrekturzeichen kennen lernen **(76)**
Andere Länder, andere Sprachen (S. 78–85)	• sich in unterschiedlichen Sprachen begrüßen und verabschieden **(80)** • körpersprachliche Mittel (Mimik, Gestik) kennen lernen und anwenden **(81)** • einfache Begrüßungsszenen darstellen **(81)** • Auszählreime (auch aus anderen Ländern) **(82)**	• eine angefangene Geschichte weiterschreiben **(84)** • mit vorgegebenen Textteilen arbeiten **(84)** • ein Bild-Wörterbuch gestalten **(80)**
Baumeister und andere Berufe (S. 86–93)	• zu Bildern erzählen **(86/87)** • eine Geheimsprache erfinden **(88)**	• eine angefangene Fantasiegeschichte zu Ende schreiben **(88)** • Lückentexte als Strukturierungshilfe verwenden **(88)**
Wasser macht Spaß (S. 94–99)	• eine Spielregel erklären **(94)** • zu Bildern erzählen **(94)**	• eine Spielregel mit Hilfe von Leitfragen verfassen **(95)** • zu einem Erzählbild frei schreiben **(98)** • ein Elfchen verfassen **(99)**